4. ÜBERARBEITETE AUFLAGE

DIE SCHÖNSTEN HOTELS DER SCHWEIZ

4e ÉDITION RÉVISÉE

LES PLUS BEAUX HÔTELS DE SUISSE

VORWORT

Fernab der ausgetretenen Pfade und lauten Events gibt es in der vielfältigen Schweizer Hotellandschaft einiges zu entdecken: auch wer Ruhe, Kleines und Feines sucht, wird fündig.

Wir haben uns für Sie auf die Suche nach aussergewöhnlichen Gasthäusern gemacht und freuen uns, Ihnen 91 sehr unterschiedliche Betriebe vorzustellen. Alle pflegen sie ein ganzheitliches Kulturverständnis. Dazu gehört ein respektvoller Umgang mit historischer Bausubstanz, eine gute Einbettung in die Region und qualitätsvolle Baukultur aus allen Epochen. Die Patina soll echt, das Gesamtkonzept überzeugend und die Gastfreundschaft ungekünstelt sein.

Einige Häuser bieten nur wenige Zimmer an, viele entsprechen nicht der offiziellen Definition eines «Hotels» im Sinne der Tourismusverbände. Die Betriebe offerieren unterschiedlichen Komfort, aber bleibende Eindrücke. Und dies zu verhältnismässig erschwinglichen Preisen. Wir wünschen Ihnen viel Freude beim Erkunden!

PRÉFACE

À l'écart des sentiers battus et des événements tapageurs, la Suisse propose une grande variété d'établissements hôteliers: celui qui recherche le calme, l'intimité et un service soigné y trouvera son bonheur.

Nous sommes partis à la recherche d'hôtels extraordinaires et nous avons le plaisir de vous présenter 91 établissements très différents qui ont cependant un point commun: ils partagent une approche globale de la culture. Cela implique un traitement respectueux de la substance bâtie, une solide implantation dans la région et une architecture de qualité quelle que soit l'époque. La patine doit être authentique, la conception convaincante et l'accueil sans affectation.

Certaines de ces maisons n'offrent que quelques chambres, nombre d'entre elles ne répondent pas à la définition officielle d'un «hôtel» comme l'entendent les associations touristiques. Ces établissements proposent des niveaux de confort différents mais ils livrent des impressions durables. Et ce à des prix relativement abordables. Nous vous souhaitons beaucoup de plaisir à la découverte de ces lieux!

INHALTS-VERZEICHNIS

TABLE DES MATIÈRES

16 **VILLA LINDENEGG**
Biel BE

17 **HAUS ZUM SCHWERT**
Thun BE

18 **HOTEL REGINA**
Mürren BE NEU

19 **HOTEL BELLEVUE DES ALPES**
Kleine Scheidegg BE

20 **HOTEL JUNGFRAU WENGERNALP**
Wengernalp BE NEU

21 **HOTEL WALDRAND**
Kiental BE

22 **HOTEL ROSENLAUI**
Rosenlaui BE

23 **GRANDHOTEL GIESSBACH**
Brienz BE

24 **GRIMSEL HOSPIZ**
Guttannen BE

25 **HOTEL AN DER AARE**
Solothurn SO

26 **HOTEL BASELTOR**
Solothurn SO

27 **L'AUBERGE LANGENTHAL**
Langenthal BE NEU

28 **KLOSTER SCHOENTHAL**
Langenbruck BL

29 **SCHLOSS BINNINGEN**
Binningen BL

30 **KRAFFT BASEL**
Basel BS

31 **HOTEL AU VIOLON**
Basel BS

Ost- und Zentralschweiz
Suisse centrale et orientale

32 **KLOSTERHERBERGE BALDEGG**
Baldegg LU NEU

33 **JUGENDSTIL-HOTEL PAXMONTANA**
Flüeli-Ranft OW NEU

34 **HOTEL TERRASSE AM SEE**
Vitznau LU NEU

35 **LADY'S FIRST DESIGN HOTEL**
Zürich ZH

36 **PENSION KALKBREITE**
Zürich ZH NEU

37 **PENSION KAFI SCHNAPS / PENSION ZUM GUTEN GLÜCK**
Zürich ZH

38 **GASTHOF HIRSCHEN**
Eglisau ZH

39 **GASTHOF GYRENBAD**
Turbenthal ZH

40 **GASTHOF ZUM HIRSCHEN**
Oberstammheim ZH

41 **KARTAUSE ITTINGEN**
Warth TG

42 **SEMINARHOTEL KLOSTER FISCHINGEN**
Fischingen TG NEU

43 **HOTEL WUNDERBAR**
Arbon TG NEU

44 **SCHLOSS WARTEGG**
Rorschacherberg SG

45 **MILITÄRKANTINE**
St. Gallen SG NEU

46 **ALPENHOF**
Oberegg AI NEU

47 **BERGGASTHAUS BOLLENWEES**
Brülisau AI NEU

48 **GASTHAUS RÖSSLI**
Mogelsberg SG

49 **GASTHAUS RICHISAU**
Klöntal GL NEU

50 **BERGHOTEL MADERANERTAL**
Bristen UR

51 **HOTEL ALPENHOF**
Weisstannen SG

Graubünden
Grisons

52 **USTRIA STEILA**
Siat GR NEU

53 **GASTHAUS AM BRUNNEN**
Valendas GR NEU

54 **NÜHUS**
Safien Platz GR NEU

55 **HOTEL CAPRICORNS**
Wergenstein GR NEU

56 **ALTE HERBERGE WEISS KREUZ**
Splügen GR

57 **PALAZZO SALIS**
Soglio GR

58 **HOTEL BREGAGLIA**
Promontogno GR

59 **HOTEL ALBRICI**
Poschiavo GR

60 **STAZIONE DELLA POSTA**
La Rösa GR

61 **HOTEL DONATZ**
Samedan GR NEU

62 **HOTEL CASTELL**
Zuoz GR

63 **VILLA FLOR**
S-Chanf GR

64 **KURHAUS**
Bergün GR

65 **HOTEL CHASA CHALAVAINA**
Müstair GR

66 **BERGHOTEL SCHATZALP**
Davos GR

67 **HOTEL PIZ LINARD**
Lavin GR

68 **PENSIUN ALDIER**
Sent GR NEU

Tessin

69 OSPIZIO SAN GOTTARDO
Passo San Gottardo TI NEU

70 CASA LUCOMAGNO
Olivone TI

71 LOCANDA DAZIO GRANDE
Rodi-Fiesso TI

72 HOTEL GARNI CASA MARTINELLI
Maggia TI NEU

73 ALBERGO CENTOVALLI
Ponte Brolla TI NEU

74 VILLA NOVECENTO
Locarno TI

75 PALAZZO GAMBONI
Comologno TI

76 ALBERGO MONTE VERITÀ
Ascona TI

77 CASA SANTO STEFANO
Miglieglia TI

78 ALBERGO DELLA POSTA
Astano TI

Bed and Breakfast
B&B

A WONDERLANDSCAPE
Le Grand-Saconnex GE NOUVEAU

B LE CHARLOT
Vevey VD NOUVEAU

C HEIDI'S GUESTHOUSE
Frenières-sur-Bex VD

D AM PAVILLON
Bern BE NEU

E TUCH & LAUBE
Aarau AG NEU

F BED & BREAKFAST 9
Luzern LU NEU

G B&B BEROMÜNSTER
Beromünster LU NEU

H BAGELS
Winterthur ZH NEU

I AM BRUNNEN
Stein AR NEU

J CASA LAS CAGLIAS
Flims GR NEU

K BRÜCKE 49
Vals GR NEU

L PENSIONE BOSCHETTO
Cevio TI NEU

M CASA LOCARNO
Locarno-Monti TI

LEGENDE/ LÉGENDES DES SYMBOLES

Einfaches Restaurant im Haus
Restaurant sans prétention

Restaurant mit ambitionierter / ausgezeichneter Küche im Haus
Restaurant proposant une cuisine ambitieuse/excellente

Preisklasse / Catégories de prix:

CHF unter / moins de 150.–

CHF CHF 150.– bis / à 250.–

CHF CHF CHF ab / dès 250.–

Öffnungszeiten / Périodes d'ouverture:

ganzjährig offen
Ouvert toute l'année

Saisonbetrieb Sommer und Winter
Ouvert en été et en hiver

Saisonbetrieb Sommerhalbjahr
Ouvert en été

Saisonbetrieb Winterhalbjahr
Ouvert en hiver

Unregelmässige Betriebsferien
Für Öffnungszeiten
bitte Website besuchen

Fermetures irrégulières
Prière de consulter le site internet pour les périodes d'ouverture

ZIMMER UND PREISE

Die Preise werden in CHF pro Zimmer und Nacht für zwei Personen im Doppelzimmer (DZ) inkl. Frühstück angegeben.

Die Preisspanne bewegt sich zwischen dem günstigsten Doppelzimmer in der Nebensaison und dem teuersten Zimmer in der Hauptsaison.

Für die Auswahl der Gasthäuser galt eine Preisobergrenze von CHF 300.– für das günstigste Doppelzimmer in der Nebensaison.

Erkundigen Sie sich nach Mindestaufenthaltsdauern und reduzierten Preisen bei längeren Aufenthalten. Oft sind auch Mehrbettzimmer oder Ferienwohnungen verfügbar.

CHAMBRES ET PRIX

CHF par chambre et par nuit pour deux personnes en chambre double, petit-déjeuner compris.

La fourchette des prix s'étend de la chambre double la moins chère en basse saison à la suite la plus chère en haute saison.

Un prix plafond de CHF 300.– pour la chambre double la moins chère en basse saison a été fixé pour le choix des hôtels.

Nous vous recommandons de vous renseigner sur les durées minimales de séjour et les réductions de prix pour long séjour. Des chambres à plusieurs lits ou des appartements de vacances sont souvent proposés.

1

LA MAISON D'IGOR

MORGES, VD

T: 021 803 06 06
www.maison-igor.ch
8 chambres
Ch. double CHF 180.– à 250.–
Construit en 1877, rénové en 2012: Glatz & Delachaux SA

UNE RÉSIDENCE DE CHARME À MORGES

Igor Strawinsky a vécu et travaillé à Morges de 1915 à 1917. Une promenade au bord du Léman porte le nom du compositeur. La maison de maître où il résida se trouve à proximité dans un parc superbe. En 2012, elle a été transformée en un petit hôtel de huit chambres. Un soin particulier a été accordé à la préservation d'éléments originaux remontant au 19ᵉ siècle, tels que les précieux parquets, les ferrures de fenêtres et les faïences murales. La décoration, parfois luxuriante, est bien assortie à l'œuvre de Strawinsky. Ceux qui ne tiennent pas à prendre leur bain sous le regard d'un zèbre en peluche, seront bien inspirés de se renseigner à l'avance: les chambres sont toutes aménagées de manière différente.

GLAMOURÖSE RESIDENZ IN MORGES

Von 1915 bis 1917 lebte und arbeitete Igor Strawinsky in Morges. Eine nach dem Komponisten benannte Uferpromenade führt heute am Genfersee entlang. Ganz in der Nähe befindet sich das von einem prachtvollen Park umgebene Herrenhaus, in dem der Musiker residierte. 2012 eröffnete das Gebäude als Boutique-Hotel. Die Gastgeberinnen achteten darauf, möglichst viele der Originaldetails wie kostbare Parkettböden, kunstvolle Fensterbeschläge und Wandfliesen aus dem 19. Jahrhundert zu erhalten. Die teilweise opulente Dekoration mag zum Werk Strawinskys passen; wer im Bad nicht von einem Plüschzebra beobachtet werden will, dem sei geraten, sich im Voraus über die individuell eingerichteten Zimmer kundig zu machen.

2

HÔTEL MASSON

VEYTAUX MONTREUX, VD

T: 021 966 00 44 / www.hotelmasson.ch
33 chambres / Ch. double CHF 185.– à 270.–
Construit en 1829

CHF CHF

«HÔTEL DE CHARME» À L'ANCIENNE SUR LE LÉMAN

Il est des familles qui, depuis deux générations déjà, viennent rendre visite à «Madame» et ses trois petits chiens soigneusement peignés. Le rose et les motifs floraux règnent en maîtres. Un parquet précieux et des sols en pierre, des tapis aux motifs les plus variés et des étoffes fleuries font de chaque chambre un monde à part. Le piano à queue du salon est une invitation à des concerts impromptus et, dans la salle à manger, les hôtes dégustent le soir une cuisine française bourgeoise. Un poêle en faïence richement décoré et un passe-plat manuel datant de 1902 comptent parmi les nombreux détails d'origine. Les «chambres vue lac» offrent de splendides perspectives. Bon à savoir: le château de Chillon est à deux pas!

ALTMODISCHES «HÔTEL DE CHARME» AM GENFERSEE

Manche Gäste besuchen «Madame» und ihre drei sorgfältig frisierten kleinen Hunde bereits in zweiter Generation. Die Farbe Rosa und florale Muster dominieren. Kostbare Parkett- und Natursteinböden, Tapeten in verschiedensten Printmustern und geblümte Stoffe machen aus jedem Zimmer eine Welt für sich. Der Flügel im Salon bietet Gelegenheit für spontane Konzerte, und im Speisesaal werden abends gutbürgerliche französische Gerichte aufgetischt. Ein reich verzierter Kachelofen und der handbetriebene Speiselift aus dem Jahr 1902 sind nur zwei Beispiele von vielen original erhaltenen Details. Die «chambres vue lac» bieten eine grossartige Aussicht. Tipp: Das «Château de Chillon» befindet sich in unmittelbarer Nähe.

3

HOTEL DU PILLON

LES DIABLERETS, VD

T: 024 492 22 09
www.hoteldupillon.ch
13 chambres
Ch. double CHF 160.– à 200.–
Construit en 1875, rénové en 2007

UNE VUE FANTASTIQUE SUR LES ALPES VAUDOISES

Avec la construction de la route du col du Pillon, Les Diablerets ont connu un grand rayonnement touristique. Les deux guerres mondiales ayant mis un frein à l'essor de la station, l'ancien Hôtel du Pillon a été transformé pour un temps en école ménagère pour jeunes filles. Par chance, un marchand d'art et une décoratrice d'intérieur venus de Paris ont racheté ce bâtiment longtemps négligé mais richement décoré. A la faveur d'un joli mélange d'attention et de fraîcheur, la maison a été adaptée aux exigences actuelles. Elle doit son atmosphère très cosy à un méli-mélo habilement composé d'antiquités et d'objets d'art. La vue est fantastique. Le jardin et sa terrasse entretenus avec amour invitent à se prélasser.

SONNIGE AUSSICHT IN DEN WAADTLÄNDER ALPEN

Der Bau der Passstrasse über den Col du Pillon verhalf Les Diablerets zu touristischer Blüte. Nachdem die Weltkriege dem Aufschwung ein vorläufiges Ende gesetzt hatten, diente das ehemalige Grand Hotel eine Weile als Mädchenpensionat. Glücklicherweise nahmen sich ein Kunsthändler und eine Innendekorateurin aus Paris des vernachlässigten, reich verzierten Gebäudes an. Mit einer guten Mischung aus Sorgfalt und Unbekümmertheit wurde das Haus zeitgenössischen Ansprüchen angepasst. Ein gekonnt komponiertes Sammelsurium an Antiquitäten und Kunstgegenständen verleiht den Räumen eine urgemütliche Atmosphäre. Die Aussicht ist fantastisch, und der liebevoll gepflegte Garten mit Terrasse lädt zum Verweilen.

4

HÔTEL-PENSION BEAU-SITE

CHEMIN-DESSUS, VS

T: 027 722 81 64 / www.chemin.ch
13 chambres / Ch. double CHF 140.– à 150.–
Construit en 1912, 1924

LIEU DE RETRAITE ET DE RESSOURCEMENT

Calme et sérénité caractérisent cette pension sans prétention juchée sur le Mont Chemin. Le collectif qui gère l'hôtel et l'organisation de séminaires accorde une grande importance à l'écologie. L'établissement propose une cuisine végétarienne. La gestion et la philosophie de la maison privilégient une approche globale: les aménagements et les objets utilitaires ne sont remplacés que lorsqu'ils ne remplissent plus leur fonction. Les amateurs de design feront peut-être la grimace, mais ce côté décontracté et sans affectation comporte un charme indéniable. L'espace pour les séminaires, aménagé récemment, accueille des cours de yoga et de méditation. Le salon de musique, la bibliothèque, la salle à manger et le café sont également à disposition.

RÜCKZUGSORT MIT FOKUS AUF INNEREN WERTEN

Gelassenheit und Ruhe prägen diese unprätentiöse Pension auf dem «Mont Chemin». Das junge Gastgeberteam legt grossen Wert darauf, den Hotel- und Seminarbetrieb möglichst ökologisch zu führen. Es wird liebevoll und vegetarisch gekocht. Sorgfalt und Wertschätzung werden umfassend verstanden: so werden Einrichtungs- und Gebrauchsgegenstände erst erneuert, wenn sie ihre Funktion nicht mehr erfüllen. Dies mag bei design-verwöhnten Gästen zu Stirnrunzeln führen – kann aber auch wohltuend nonchalant und ungekünstelt wirken. Im jüngst angebauten Seminarraum werden Yoga- und Meditationskurse angeboten, und auch das Musikzimmer, der Leseraum, der Speisesaal und das Kaffeelokal dürfen genutzt werden.

5

LA GRANDE MAISON

CHANDOLIN-PRÈS-SAVIÈSE, VS

T: 079 830 76 07 / www.lagrandemaison.ch
7 chambres / Ch. double CHF 160.– à 210.–
Construit en 1809, rénové en 2007:
Cepa sàrl

BON PLAN POUR UNE FIN DE SEMAINE ROMANTIQUE DANS LA VALLÉE DU RHÔNE

La charmante pension du village viticole de Chandolin-près-Savièse est encore plus attrayante depuis que sa salle souterraine en concrétions calcaires a été agrandie, en 2013. Une cuisine de produits frais y est servie à la lumière des bougies. Par beau temps, les repas peuvent être pris dans le jardin ou sur la terrasse tout en admirant la vue magnifique. La demeure construite il y a plus de 200 ans est protégée. Elle a été scrupuleusement rénovée. Les cheminées, les lambris de bois d'arolle, les plafonds élevés et les salles d'eau en plexiglas habilement aménagées confèrent à l'endroit un attrait exceptionnel, tout en contrastes. Dans la grange voisine, un sauna et un jacuzzi ont été installés.

GEHEIMTIPP FÜR EIN ROMANTISCHES WOCHENENDE IM RHÔNETAL

Mit dem 2013 erfolgten Ausbau des Kellerlokals ist die charmante Pension im Weinbauerndorf Chandolin noch attraktiver geworden: im Kerzenlicht und vor einer Tropfsteinwand werden frische Gerichte serviert. Bei schönem Wetter kann auch im Gartenlokal oder auf der Terrasse mit wunderbarer Aussicht gespeist werden. Das über 200-jährige denkmalgeschützte Gebäude wurde 2007 stimmig renoviert. Originale Specksteinöfen und offene Kamine, dunkel gebeiztes Arventäfer, unerwartet hohe Räume und geschickt eingebaute Plexiglas-Nasszellen sorgen für einen aussergewöhnlichen, kontrastreichen Charme. In der benachbarten Scheune wurden eine Sauna und ein Jacuzzi eingebaut.

6

BELLA TOLA & ST. LUC

ST-LUC, VS

T: 027 475 14 44 / www.bellatola.ch
30 chambres / Ch. double CHF 248.– à 510.–
Construit en 1883, aile sud 1893: Louis Maillard

HÔTEL DE MONTAGNE TRADITIONNEL AU VAL D'ANNIVIERS

En 1860, l'Hôtel Bella Tola a été l'un des premiers à ouvrir ses portes dans les vallées méridionales du Valais romand. Etape de l'excursion très populaire reliant Sion à Zermatt par Evolène et St-Luc, cette simple auberge connaissait un grand succès. La demande et les exigences accrues de la nouvelle génération de touristes ont conduit à la construction en 1883 du «Grand nouvel Hôtel & Pension Bella Tola» à la sortie septentrionale du village. La tradition de l'hospitalité se poursuit aujourd'hui sous une forme contemporaine. Les plafonds peints du salon et de la salle à manger créent une atmosphère festive. Le bois d'arolle et les meubles anciens perpétuent le charme d'antan jusque dans les chambres.

TRADITIONSREICHES BERGHOTEL IM VAL D'ANNIVIERS

Das 1860 eröffnete «Hôtel Bella Tola» war eines der ersten Hotels in den französisch-sprachigen Walliser Südtälern. Als Etappenort der populären Wanderung von Sitten via Evolène und St-Luc nach Zermatt erfreute sich die einfache Herberge grosser Beliebtheit. Die Nachfrage und die gestiegenen Ansprüche einer neuen Touristengeneration führten 1883 zum Neubau des «Grand nouvel Hôtel & Pension Bella Tola» am nördlichen Dorfende. Die Tradition der Gastfreundschaft wird in einer zeitgenössisch angepassten Form weitergeführt. Reich bemalte Decken im Salon und Speisesaal schaffen eine feierliche Atmosphäre. Arvenholz und antike Möbel lassen den Charme vergangener Tage auch in den Gästezimmern aufleben.

7

HOTEL STOCKALPERTURM

GONDO, VS

T: 027 979 25 50 / www.stockalperturm.ch
10 Zimmer / DZ CHF 158.– bis 168.–
Erbaut 1684, Renovation und Ergänzung 2006:
Durrer Linggi Schmid, Matthias Werlen

GESCHICHTSTRÄCHTIG NÄCHTIGEN AM SIMPLONPASS

Nur wenige Meter von der italienischen Grenze entfernt steht der im 17. Jahrhundert von Kaspar Jodok von Stockalper als Warenlager errichtete Turm. Im Oktober 2000 stürzte eine Schlammlawine auf das Dorf und riss einen Teil des Gebäudes mit sich. Es wurde beschlossen, den Stockalperturm als Wahrzeichen von Gondo wieder aufzubauen und ihn fortan als Hotel und Seminarzentrum zu nutzen. Seit 2007 werden die Gäste in stilvollen Zimmern, einem kleinen Museum, Seminarräumen und mit grandiosen Ausblicken auf das spektakulär wilde Zwischbergental empfangen. Der auf Basis eines Architekturwettbewerbs erstellte Ergänzungsbau und die Platzgestaltung sind in jeder Hinsicht vorbildlich ausgeführt.

UN LIEU CHARGÉ D'HISTOIRE AU COL DU SIMPLON

A quelques mètres de la frontière italienne se dresse la tour érigée au 17e siècle par Kaspar Jodok von Stockalper pour servir d'entrepôt. En octobre 2000, une coulée de boue s'est abattue sur le village entraînant avec elle une partie de la tour Stockalper. Symbole de Gondo, le bâtiment a été reconstruit. Devenu un hôtel et un centre de séminaires, il accueille depuis 2007 ses hôtes dans des chambres décorées avec goût et leur propose un petit musée, des salles de réunion et le panorama grandiose de la spectaculaire Zwischbergental, sauvage et escarpée. La reconstruction réalisée sur la base d'un concours d'architecture et l'aménagement de la place sont en tous points exemplaires.

8

—

HOTEL OFENHORN

BINN, VS

T: 027 971 45 45 / www.ofenhorn.ch
30 Zimmer / DZ CHF 170.– bis 198.–
Erbaut 1883, erweitert 1897

IM HERZEN DES LANDSCHAFTSPARKS BINNTAL

Oberhalb des Weilers Schmidigehirschere liegt das traditionsreiche Hotel Ofenhorn. Initiiert wurde es Ende 19. Jahrhundert von den Erner Hotelpionieren Josef und Maria Schmid. Obwohl das Haus bis Anfang der 1930er Jahre nur auf einem Saumpfad erreichbar war, lief das Geschäft blendend. Nach den Weltkriegen begann eine lange Durststrecke, und Mitte der 1980er Jahre stand das Hotel vor dem Aus. Der Genossenschaft Pro Binntal gelang es, die notwendigen finanziellen Mittel für eine Rettung aufzutreiben. Nun ranken sich an der Decke bei der Reception wieder die Pflanzen von 1897. Besondere Schmuckstücke sind die Belle Epoque-Zimmer mit den wiederhergestellten Tapeten und dem historischen Mobiliar.

AU CŒUR DU PARC NATUREL DU BINNTAL

Etablissement de tradition, l'hôtel Ofenhorn s'élève au-dessus du hameau de Schmidigehirschere. Il a été construit à la fin du 19e siècle par les pionniers de l'hôtellerie que furent Josef et Maria Schmid, qui venaient d'Ernen. Jusqu'à la fin des années 30, l'hôtel n'était accessible que par un chemin muletier, ce qui n'a pas entravé son succès. Une longue traversée du désert a commencé après les deux guerres mondiales. Au milieu des années 80, l'établissement était en bout de course. Il a dû son salut à l'association Pro Binntal, qui a réuni les ressources nécessaires à son sauvetage. Le plafond de l'entrée a retrouvé ses décorations végétales de 1897. Tapisseries restaurées et mobilier ancien font des chambres Belle Epoques de véritables joyaux.

9

CHÂTEAU DE LA CORBIÈRE

ESTAVAYER-LE-LAC, FR

T: 026 663 92 72 / www.chateaudelacorbiere.ch
15 chambres / Ch. double CHF 160.– à 380.–
Construit en 1855, transformation 2013:
Lutz architectes

CHÂTEAU DE STYLE ET PLAGE PRIVÉE

A la fin du 19e siècle, la noblesse européenne se donnait rendez-vous dans la résidence d'été de la comtesse Anne-Marie de Pourtalès-Gorgier. Napoléon III lui-même s'y serait peut-être caché lors de sa fuite de France. Cette propriété soignée se niche au cœur de la réserve naturelle de «La Grande Cariçaie». Elle dispose d'une plage privée et d'une chapelle. La vue sur le lac depuis la terrasse est à couper le souffle. Apéritif sur la plage, English Afternoon Tea ou plutôt pique-nique dans le parc? Les propriétaires, Anne Lise et Philippe Glardon, mettent tout en œuvre pour que leurs hôtes n'oublient pas de sitôt leur séjour dans ce château classé monument historique.

STILVOLLES CHÂTEAU MIT EIGENEM STRAND

In Gräfin Anne-Marie de Pourtalès-Gorgiers Sommerresidenz traf sich im ausgehenden 19. Jahrhundert die europäische Noblesse. Sogar Napoleon III. soll sich hier auf seiner Flucht aus Frankreich versteckt haben. Das gepflegte Anwesen befindet sich im Naturschutzgebiet «La Grande Cariçaie» und bietet neben einem Privatstrand auch eine Kapelle. Der Blick von der Gartenterrasse auf den See ist schlicht atemberaubend. Apéro Riche am Strand, English Afternoon-Tea oder Picknick im Park? – Das erfahrene Gastgeberpaar Glardon hat sich einiges einfallen lassen, damit die Gäste ihren Aufenthalt im denkmalgeschützten Landsitz nicht so schnell vergessen werden.

10

HÔTEL VON BERGEN

LA SAGNE, NE

T: 032 931 03 18
Pas de site internet
11 chambres
Ch. double CHF 100.– à 120.–
Construit en 1870

COMME CHEZ GRAND-MAMAN

Située au centre du village de la Sagne, dans le Jura neuchâtelois, cet hôtel est particulier à bien des égards. Un Frigidaire des années 20 revêtu de bois, des tirages datant des débuts de la photographie avec cadres d'époque et des lampes Art Déco contribuent à l'atmosphère unique du restaurant. A l'ère du digital, le visiteur est comme ramené vers le passé. Les repas sont préparés par la «patronne» elle-même. Et les recettes datent d'un temps où la plupart des parties d'un animal de boucherie prenaient la direction des cuisines. La préparation est faite sur un fourneau à bois en fonte millésimé 1905. Les chambres charmantes portent des noms aussi savoureux que «Clothilde» et les réservations se font par téléphone uniquement.

WIE BEI GROSSMUTTERN

Das Gasthaus im Dorfzentrum von La Sagne im Neuenburger Jura ist in vielerlei Hinsicht besonders. Ein holzverkleideter Frigidaire aus den 1920er Jahren, original gerahmte Vintageprints aus den Anfängen der Fotografie und Art-Deco Lampen sorgen für eine einzigartige Atmosphäre in der Gaststube. Man fühlt sich in vordigitale Zeiten zurückversetzt. Die Speisen werden von der «Patronne» selbst gekocht. Die Rezepte stammen aus einer Zeit, als noch möglichst viele Teile eines geschlachteten Tieres in der Küche Verwendung fanden. Die Zubereitung erfolgt auf einem holzbefeuerten Eisenherd aus dem Jahr 1905. Die charmanten Zimmer heissen zum Beispiel «Clothilde» und sind nur per Telefon buchbar.

11

HÔTEL DE LA CHAUX-D'ABEL

LA FERRIÈRE, BE

T: 032 961 11 52 / www.hotellachauxdabel.ch
21 chambres / Ch. double CHF 130.– à 160.–
Construit en 1857

AU PIED DES FRANCHES-MONTAGNES

Prairies et collines boisées invitent à la randonnée, à l'équitation et, en hiver, au ski de fond. La Chaux-d'Abel était autrefois un refuge pour les ménnonites persécutés de la région de Berne. Aujourd'hui encore, une communauté active habite la contrée. Avant sa transformation en hôtel, la bâtisse cossue était une maison familiale. Après la Seconde Guerre mondiale, le bâtiment a servi de pension chic pour amateurs d'équitation. «Modernisé» durant les années 80, il sera remis valeur dès 2006 à la faveur d'une habile rénovation. Par mauvais temps, les clients peuvent se réchauffer au salon jaune autour de la cheminée. Bon à savoir: les chambres de l'aile sud arborent encore leurs lambris d'origine qui remontent à l'extension de 1910.

IN DEN FREIBERGEN

Wiesen und bewaldete Hügel laden zum Wandern, Reiten und im Winter zum Langlaufen ein. La Chaux-d'Abel war einst Zufluchtsort verfolgter Täufer aus dem Bernbiet. Bis heute ist in der Gegend eine aktive Mennonitengemeinde beheimatet. Das stattliche Gebäude, als Wohnsitz erbaut und später als Gasthaus genutzt, wurde nach dem Zweiten Weltkrieg als noble Herberge für Reitsportfreunde geführt und nach einer «Modernisierung» in den 80er Jahren ab 2006 mit viel gestalterischem Geschick neu in Wert gesetzt. Bei garstigem Wetter wärmt das Feuer im offenen Kamin des gelben Salons. Unbedingt empfehlenswert sind die mit originalem Holztäfer ausgekleideten Zimmer in der südlichen Erweiterung von 1910.

12

ESPACE PAYSAN HORLOGER

LE BOÉCHET / LES BOIS, JU

T: 032 961 22 22 / www.paysan-horloger.ch
5 chambres / Ch. double CHF 166.–
Construit vers 1850, transformé et rénové 2013:
J. & M. Steinfels Architectes SIA

LA TRADITION DES HORLOGERS PAYSANS

Suivant l'exemple de leurs voisins neuchâtelois, les paysans des Franches Montagnes ont commencé à la fin du 18e siècle à fabriquer à la maison des composants pour l'horlogerie durant l'hiver. Des ateliers dotés de grandes fenêtres étaient aménagés dans les fermes. Aujourd'hui encore, c'est à ce détail que l'on voit où se trouvaient les petites manufactures de ces horlogers saisonniers. L'Espace paysan horloger fait partie de la Route de l'horlogerie visant à valoriser l'héritage de cet art de la micromécanique. Outre une exposition joliment mise en scène, des plaisirs culinaires sont aussi proposés aux visiteurs: l'excellent restaurant, avec son jardin, jouit déjà d'une belle réputation. Quant aux chambres, simples mais coquettes, elles sont dotées de meubles de qualité.

LÄNDLICHE UHRMACHERTRADITION

Dem Beispiel ihrer Neuenburger Nachbarn folgend, begannen Freiberger Bauern Ende des 18. Jahrhunderts, während der Winterzeit Uhrenkomponenten in Heimarbeit herzustellen. Ateliers mit grossen Fenstern wurden in die Bauernhäuser eingebaut. Noch heute erkennt man daran, wo sich die Kleinmanufakturen der Saison-Uhrmacher befanden. «L'Espace paysan horloger» ist Teil der Initiative «Route de l'horlogerie», die das Erbe der Uhrmacherkunst stärken möchte. Neben der geschickt inszenierten Ausstellung werden auch kulinarische Freuden geboten: Das ausgezeichnete Restaurant mit Garten geniesst bereits einen sehr guten Ruf. Die hübschen Gästezimmer sind schlicht und hochwertig möbliert.

13

AUBERGE AUX 4 VENTS

GRANGES-PACCOT, FR

T: 026 321 56 00 / www.aux4vents.ch
8 chambres / Ch. double CHF 130.– à 260.–
Construit au 17e siècle

UNE PROPRIÉTÉ PERSONNALISÉE AVEC FANTAISIE EN PÉRIPHÉRIE DE FRIBOURG

A Grandfey, l'artiste Olivier Suter a contribué avec humour et sens esthétique à l'extraordinaire aménagement des lieux. Les interventions poétiques ajoutent au charme de l'ancienne maison de campagne qui allie quiétude et fantaisie. Les chambres sont tout sauf conventionnelles: des rêves y sont conservés dans des fioles d'apothicaire, une baignoire est montée sur des rails, les lustres sont fastueux et les postes radio remontent aux années 1960. Dans la Chambre des anges, tout se commande à distance. Et le dortoir nous plonge au cœur d'un internat de conte fées. Parachevant l'ensemble, un jardin romantique sert d'écrin à l'auberge.

FANTASIEVOLL EIGENWILLIG GESTALTETES ANWESEN AM STADTRAND FRIBOURGS

Mit viel Witz und ästhetischem Gespür hat der Künstler Olivier Suter 1999 zur Gestaltung der aussergewöhnlichen Räumlichkeiten in Grandfey beigetragen. Die höchst stimmungsvollen Interventionen entwickeln den Charme des alten Landhauses weiter und schaffen einen Ort der Ruhe und Fantasie. Höchst unkonventionell sind die verschiedenen Zimmer: da werden Träume in Apothekerflaschen konserviert, es gibt eine Badewanne auf Schienen, opulente Leuchter und Kofferradios aus den 1960er Jahren. In der Chambre des Anges kann alles per Fernsteuerung bedient werden, und im Dortoir fühlt man sich in den Schlafsaal eines märchenhaften Internats versetzt. Eine grosse, romantische Gartenanlage vollendet das aussergewöhnliche Ensemble.

14

SCHLOSS MÜNCHENWILER

MÜNCHENWILER, BE

T: 026 672 81 81
www.schloss-muenchenwiler.ch
40 Zimmer / DZ CHF 160.– bis 450.–
Erbaut 1081 (Priorat Cluny), Umbau in Schloss 1535: Schultheiss von Wattenwyl, Umbau in Kurszentrum 1990: Andry & Partner

HARMONISCHE VIELFALT VON PFLANZEN, ARCHITEKTUR UND KULTUR

Vielen mag das Schloss Münchenwiler noch als Kurszentrum der Berner Volkshochschule bekannt sein. Über 900 Jahre Geschichte und verschiedene Epochen der Baukultur sind an diesem besonderen Ort erlebbar. Die Instandsetzung der Anlage ist ein Musterbeispiel für ein denkmalpflegerisch vorbildliches Projekt aus den 80er Jahren. Der architektonisch stilsicheren Haltung der engagierten Gastgeberfamilie ist es zu verdanken, dass das geschichtsträchtige Anwesen zum höchst anregenden Ort der Ruhe und des Genusses wurde. Mütter und Kinder aus dem Dorf treffen sich am feudalen Wasserbecken im Park, über 200 verschiedene Pflanzen werden im Kräutergarten gezogen. Mehr sei hier nicht verraten.

PLANTES, ARCHITECTURE ET CULTURE EN HARMONIE

De nombreux Bernois connaissent le château de Villars-les-Moines (Münchenwiler) pour le centre de formation que l'Université populaire y avait installé. La restauration de ces murs, qui ont vu défiler plus de 900 ans d'histoire et plusieurs périodes architecturales, fait figure de modèle de conservation des monuments dans les années 1980. Le goût architectural très sûr d'une famille d'hôteliers motivés a permis à cette propriété de devenir un haut lieu de tranquillité et de gastronomie. Les mamans et les enfants du village se retrouvent autour du bassin féodal dans le parc. Ce dernier abrite un jardin aromatique où plus de 200 variétés de plantes sont cultivées.

15

KLOSTERHOTEL ST. PETERSINSEL

ERLACH, BE

T: 032 338 11 14 / www.st-petersinsel.ch
13 Zimmer / DZ CHF 230.– bis 355.–
Erbaut 1127, Umbau 16. Jh., 1810, 1980
Umbau 2008: Campanile + Michetti Architekten

INSPIRATION JEAN-JACQUES ROUSSEAU

Als der berühmte Philosoph im 18. Jahrhundert die St. Petersinsel als Stätte der Ruhe und des Naturgenusses pries, war diese noch eine Insel mitten im See. Die Anreise erfolgt heute per Schiff oder über den Heideweg auf der Landverbindung, die während der ersten Juragewässerkorrektion im 19. Jahrhundert entstand. Das Gebäudeensemble des Klosters geht auf ein Cluniazenser Priorat zurück. Die reiche Geschichte des Ortes wird durch Texttafeln erläutert. Im Innenhof werden Insel-Wein und Fleisch vom benachbarten Biohof aufgetischt. Drei historische Zimmer lassen die Biedermeierzeit aufleben, und die 2008 eingebauten Gästezimmer überzeugen durch sorgfältig eingesetzte Kontraste.

DANS L'ESPRIT DE ROUSSEAU

Lorsque le grand philosophe du 18e siècle célébra l'Ile St-Pierre comme havre de paix et de nature, ce lieu était encore une île isolée au milieu du lac. Aujourd'hui, on y accède en bateau ou par le Heideweg, sur l'isthme qui a émergé lors de la première correction des eaux du Jura au 19e siècle. Les bâtiments du cloître étaient à l'origine un prieuré clunisien. La riche histoire des lieux est racontée sur des panneaux. Le vin de l'île et la viande de la ferme biologique située à proximité sont servis dans le restaurant et sa cour intérieure. Trois chambres historiques font revivre le style Biedermeier alors que les chambres aménagées en 2008 jouent sur des contrastes habilement mis en scène.

16

VILLA LINDENEGG

BIEL, BE

T: 032 322 94 66 / www.lindenegg.ch
8 Zimmer
DZ CHF 150.– bis 350.–
Erbaut 1831: Albert Bridel,
Renoviert 1996: Molari & Wick

ÜBERRASCHENDE OASE IN BIEL

Die spätklassizistische Villa Lindenegg liegt in einem zentralen Wohnquartier, eingebettet in einen grossen Garten mit altem Baumbestand. 1984 erwarb die Stadt Biel die ehemalige Residenz illustrer Familien und richtete dort ihr offizielles Gästehaus ein. Seit 1996 führt ein engagiertes Team die sanft renovierte Villa als Hotel mit familiärer Atmosphäre. Das Restaurant ist mit seiner lauschigen Gartenterrasse auch bei der lokalen Bevölkerung sehr beliebt und berühmt für seine ausgezeichnete Küche. Die acht Zimmer sind sehr unterschiedlich und charaktervoll eingerichtet. Zimmer Nr. 4 verfügt über eine charmante, grosszügige Terrasse zum Garten.

SURPRENANTE OASIS EN VILLE DE BIENNE

Bien qu'elle soit située dans un quartier résidentiel central, la Villa Lindenegg, de style classique tardif, est entourée d'un grand jardin bien arborisé. Cette résidence qui a appartenu à d'illustres familles a été acquise par la Ville de Bienne en 1984 pour ses réceptions officielles. Depuis 1996, une équipe enthousiaste a fait de ce bâtiment rénové en douceur un hôtel à l'ambiance familiale accompagné d'un restaurant. Avec sa terrasse intime, cette table est fameuse pour son excellente cuisine et très appréciée de la clientèle locale. Les huit chambres ont toutes leurs particularités et sont aménagées avec caractère. Bon à savoir: la chambre 4 dispose d'une charmante et généreuse terrasse donnant sur le jardin.

17

HAUS ZUM SCHWERT

THUN, BE

T: 033 221 55 88
www.schwert-thun.net
7 Zimmer
DZ CHF 145.– bis 230.–
Erbaut 1782, Umbau 2011: Andreas Maeschi

STADTHOTEL MIT GARTENTERRASSEN AM SCHLOSSHANG

Dem Thuner Schlosshügel entlang erstrecken sich die terrassierten Gärten des «Hauses zum Schwert» hinunter bis ins Herz der Altstadt. Von den obersten Terrassen aus geniessen die Hotelgäste eine herrliche Sicht auf das Bergpanorama, und unter den Arkaden in der Altstadtgasse lädt das gemütliche Restaurant zum Verweilen ein. Das Gebäude aus dem 18. Jahrhundert wurde liebevoll renoviert und mit ausgesuchten Vintage-Möbeln bestückt. Die sechs Zimmer im Haupthaus sind in stimmiger Farbgestaltung individuell ausgestattet und überraschend grosszügig. Der ehemalige Schopf im Hof wurde geschickt zu einem weiteren Zimmer ausgebaut. Kein Wunder, geben sich mittlerweile viele Stammgäste die Klinke in die Hand!

HÔTEL URBAIN ET TERRASSES SUR LE COTEAU DU CHÂTEAU

Le long de la colline du château de Thoune, les terrasses de la maison Zum Schwert (à l'Epée) dégringolent jusqu'au cœur de la cité. Depuis les plus hautes, les clients de l'hôtel jouissent d'une vue splendide sur les montagnes. Et sous les arcades de la vieille-ville, le chaleureux restaurant invite s'attarder. La construction remonte au 18e siècle. L'hôtel a été rénové en douceur et meublé vintage avec recherche. Les six chambres du bâtiment principal, aux couleurs harmonieuses, sont aménagées de manière personnalisée et sont étonnamment généreuses. L'ancienne remise a été judicieusement transformée en une chambre supplémentaire. Il n'est guère étonnant d'y voir défiler de nombreux habitués!

18

HOTEL REGINA

MÜRREN, BE

T: 033 855 42 42 / www.regina-muerren.ch
51 Zimmer / DZ CHF 110.– bis 170.–
Erbaut 1897, Anbau Entrée 1916
Renovationen und Umbauten ab 2014: Althaus Architekten Bern AG

EINE GRUPPE VON STAMMGÄSTEN ÜBERNIMMT

Im März 2014 hat die aus einem Zusammenschluss von langjährigen Gästen entstandene Regina Mürren Holding AG das ehrwürdige Hotelgebäude im autofreien Mürren erworben. Sorgfältig und schrittweise werden in den nächsten Zwischensaisons sanfte Renovationen vorgenommen, damit laufend neue Erkenntnisse aus dem Betrieb in die Planung einbezogen werden können. Der Bestand an erhaltener Bausubstanz und originalen Möbeln ist beeindruckend. Der so geschätzte «besondere Charme» des Hauses soll erhalten und gestärkt werden. Dazu gehört nicht nur Bauliches, sondern auch Soziales. Auch eine Vernetzung mit kulturellen Veranstaltungsreihen des Berner Oberlands wird angestrebt.

QUAND UN GROUPE D'HABITUÉS PREND LE RELAIS

En mars 2014, des clients de longue date se sont associés au sein de la holding Regina Mürren SA pour reprendre cet hôtel prestigieux situé dans la station sans voitures de Mürren. L'établissement fera l'objet d'une rénovation douce au cours des entre-saisons à venir. Ce processus permettra d'intégrer dans la planification les enseignements tirés de l'exploitation. Les visiteurs seront enchantés par l'architecture intacte du bâtiment et le mobilier original. Le charme si particulier de cette maison – qui touche aussi bien la dimension architecturale que l'accueil – sera conservé et mis en valeur. Et l'offre culturelle n'est pas en reste: les hôtes sont invités à participer aux manifestations mises sur pied par l'hôtel et par la station.

19

HOTEL BELLEVUE DES ALPES

KLEINE SCHEIDEGG, BE

T: 033 855 12 12 / www.scheidegg-hotels.ch
60 Zimmer / DZ CHF 380.– bis 540.–
inkl. Abendessen
Hotel Bellevue erbaut 1840, Hotel des Alpes 1896, Renovationen und Umbauten: Andreas von Almen

NOMEN EST OMEN

Nicht umsonst nehmen Tausende von Besuchern aus Asien die Reise um die halbe Welt in Kauf, um das imposante Dreigestirn Eiger, Mönch und Jungfrau zu bestaunen. Die Scheidegg-Hotels «Bellevue» und «Des Alpes» aus der Zeit des frühen englischen Bergtourismus thronen an bester Lage. Noch heute führt die Gründerfamilie die Hotels mit viel Engagement und Feingefühl. Zur historischen Substanz wird grosse Sorge getragen, und die Patina ist echt. Die Mischung aus Belle Epoque und Goldenen Zwanzigern bezaubert, die gepflegte Küche ebenso. Und wo sonst kann man von klauenfüssigen Badewannen aus den einmaligen Ausblick auf diese Berge geniessen?

COMME LE NOM L'INDIQUE

Les milliers de visiteurs asiatiques qui admirent le massif imposant de la Jungfrau dans l'Oberland bernois n'ont pas parcouru pour rien la moitié du globe. Datant des débuts du tourisme anglais dans nos montagnes, les hôtels Bellevue et Des Alpes occupent un site sans pareil. Aujourd'hui encore, c'est la même famille qui gère les deux établissements avec beaucoup d'enthousiasme et de goût. Elle ménage la substance historique avec grand soin: la patine est authentique! Le mariage de la Belle Epoque et des Années folles est un enchantement, de même que la cuisine. Et dans quel autre hôtel le visiteur peut-il admirer depuis une baignoire à pieds fourchus cette vue unique sur l'Eiger, le Mönch et la Jungfrau?

20

HOTEL JUNGFRAU WENGERNALP

WENGERNALP, BE

T: 033 855 16 22 / www.wengernalp.ch
23 Zimmer / DZ CHF 450.– bis 580.–
inkl. 5 Gang Abendessen / Erbaut 1835
Renovation und Umbauten ab 1982: Andreas von Almen

CHF CHF CHF

IN BESTER TRADITION DER ENGLISCHEN ROMANTIK

Hinter der wetterfesten Eternitfassade eröffnet sich ein höchst stilvolles Innenleben in englischer Tradition. Das kleine, aber feine Winterhotel ist ein Geheimtipp und lebt von Mund-zu-Mund-Propaganda. Bereits in der dritten Generation führt die Familie von Almen das gepflegte Haus, was von der treuen Stammkundschaft aus England und Norddeutschland sehr geschätzt wird. Die Buchung erfolgt persönlich über ein Telefongespräch, und beim exquisiten fünfgängigen Abendessen wird Wert auf elegante Kleidung gelegt. Der exklusiv im Hotel tätige Skilehrer führt im Sommer das beliebte Restaurant Alpstübli, wo hausgemachte Wähen serviert werden und frische Wildblumen die Tische zieren.

DANS LA MEILLEURE TRADITION ROMANTIQUE ANGLAISE

Derrière d'imposantes façades en Eternit se dévoile un intérieur du meilleur style traditionnel anglais. Petit mais élégant, l'hôtel d'hiver est une adresse qu'échangent les initiés. Cette maison soignée est tenue depuis trois générations par la famille von Almen, ce qu'apprécie particulièrement la fidèle clientèle venant d'Angleterre et du Nord de l'Allemagne. La réservation se fait par téléphone et pour le dîner à cinq plats une tenue élégante est bienvenue. Le professeur de ski qui collabore en exclusivité avec l'hôtel dirige en été l'Alpstübli, un restaurant très apprécié, qui sert des tartes maison et décore ses tables de fleurs sauvages.

21

HOTEL WALDRAND

KIENTAL, BE

T: 033 676 12 08 / www.waldrand-pochtenalp.ch
16 Zimmer / DZ CHF 140.–
Erbaut 1910

BERGPENSION IM WILD-ROMANTISCHEN KIENTAL

Als typisches Beispiel für den Anfangs 20. Jahrhundert populären Schweizerhausstil kann das 1910 erbaute Chalet am Gornernbach gelten. Inspiriert von der Blockbauweise früher Schweizer Bauernhäuser und mit dekorativen Formen angereichert, erfreute sich das Chalet bald grosser Beliebtheit. Es wurden gar vorproduzierte Bausätze nach Übersee verschifft. Die Gastgeberfamilie im Hotel Waldrand sorgt dafür, dass all die kunstvoll gearbeiteten Details auch für heutige Gäste erfahrbar bleiben. Die Pension bietet alles, was man braucht – in gepflegter Einfachheit. Auch im Innern dominiert viel Holz. Weisse Wäsche und Waschschüsseln sowie voluminöse Bettdecken und herzliche Gastgeber machen deutlich: Gute Qualität ist zeitlos.

UNE AUBERGE DANS LES MONTAGNES ROMANTIQUES DU KIENTAL

Édifié en 1910 à proximité du Gornernbach, l'hôtel est un exemple typique du style chalet suisse. Avec leur construction en madriers rappelant les fermes anciennes et leurs façades ornées de motifs décoratifs, les chalets connaissaient alors un grand succès: des kits préfabriqués étaient même exportés outre-mer. La famille des tenanciers de l'Hôtel Waldrand veille à ce que les hôtes actuels puissent toujours en apprécier les détails soigneusement ouvragés. A l'intérieur également, le bois est roi. La pension offre tout ce qui est nécessaire – avec une simplicité raffinée. La literie et les cuvettes blanches, les épais couvre-lits et l'accueil chaleureux des hôteliers prouvent une nouvelle fois que la qualité est intemporelle.

22

HOTEL ROSENLAUI

ROSENLAUI, BE

T: 033 971 29 12 / www.rosenlaui.ch
30 Zimmer / DZ CHF 240.– inkl. Abendessen und Postautofreikarte
Erbaut 1862 (Gasthaus) / 1905 (Jugendstilbau)

DER CHARME VERGANGENER TAGE

Mit faszinierenden Berichten und atemberaubenden Darstellungen des Bergpanoramas und der Gletscherschlucht hinter Meiringen lockten Reisebuchautoren und Alpenmaler Mitte 18. Jahrhundert die ersten Touristen ins Rosenlaui. Fast schon Kultstatus besitzt das 1862 erbaute Gasthaus mit Jugendstil-Erweiterung unter Hotelnostalgikern. Mobiliar und Komfort entsprechen der Bauzeit: so befinden sich die Bäder auf der Etage, und statt fliessendem Wasser erwarten die Gäste Waschkrüge aus Porzellan in den Zimmern. Der Handy-Empfang ist eingeschränkt und Fernseher oder Internetanschluss sucht man vergebens. Stille wird geschätzt: um 23.30 ist Nachtruhe. Kinder sind ab dem Alter von 8 Jahren willkommen.

LE CHARME DES JOURS D'ANTAN

C'est par leurs récits fascinants et leurs représentations vertigineuses des gorges glaciaires des environs de Meiringen que les voyageurs et les peintres paysagistes du milieu du 18e siècle ont attiré les premiers touristes à Rosenlaui. L'auberge édifiée en 1862 et dotée d'une extension Jugendstil jouit d'une réputation légendaire auprès des amateurs d'hôtels anciens. Le mobilier et le confort sont ceux de l'époque: bains à l'étage et cuvettes en porcelaine en guise de lavabos dans les chambres. Les conditions de réception pour les téléphones mobiles sont défavorables et l'on cherchera en vain une télévision ou un raccordement internet. La tranquillité est reine: extinction des feux à 23h30. Les enfants dès 8 ans sont les bienvenus.

23

GRANDHOTEL GIESSBACH

BRIENZ, BE

T: 033 952 25 25 / www.giessbach.ch
70 Zimmer DZ CHF 190.– bis 700.–
Erbaut 1875: Horace Edouard Davinet,
Renovation in Etappen ab 1984

PRACHT UND NOSTALGIE ÜBER DEM BRIENZERSEE

Prominent thront der Belle Epoque-Palast auf einem bewaldeten Hügel. Die Aussicht auf den Brienzersee und die Giessbachfälle ist spektakulär. Vom gefragtesten Hotelarchitekten seiner Zeit entworfen, bot das Hotel der Haute Société am Ende des 19. Jahrhunderts allen erdenklichen Komfort bis zur hauseigenen Drahtseilbahn. Als der Glanz des Hotels verblasst war und in den 1970er Jahren gar der Abbruch drohte, leitete Franz Weber mit der Stiftung Giessbach eine landesweite Sammelaktion ein. 1984 konnte das gerettete Bauwerk wieder eröffnet werden. Tanzbälle, Konzerte, ausgezeichnete Restaurants und ein Naturschwimmbecken runden das besondere Erlebnis ab.

FASTES ET NOSTALGIE SUR LES HAUTS DU LAC DE BRIENZ

Le palais Belle-Epoque dominant avec majesté une colline boisée offre une vue à couper le souffle sur le lac de Brienz et les chutes de Giessbach. Dessiné par un architecte d'hôtels particulièrement apprécié à son époque, l'établissement offrait tout le confort dont pouvait rêver la bonne société de la fin du 19e siècle, y compris un funiculaire privé. Dans les années 1970, l'éclat du passé avait disparu et le Grandhotel était menacé de démolition. Il a été sauvé grâce à une collecte nationale organisée par Franz Weber et la Fondation Giessbach. Il a rouvert ses portes en 1984. Des bals, des concerts, des restaurants excellents et une piscine naturelle pour parachever le tout contribuent à des séjours d'exception.

24

GRIMSEL HOSPIZ

GUTTANNEN, BE

T: 033 982 46 11 / www.grimselwelt.ch
26 DZ CHF 338.– bis 438.–
inkl. 4 Gang Abendessen
Erbaut 1932: Jacques Wipf, Renovation und Transformation 2009: Andrin Schweizer

ZWISCHEN ELEKTRIZITÄT UND NATURGEWALTEN

An spektakulärer Lage thront das Alpinhotel mit seiner markanten Granitfassade über dem Grimselstausee. Bevor 1925 die seinerzeit höchste Staumauer der Welt mit 114 Metern gebaut und das Tal geflutet wurde, führte hier ein Saumpfad vorbei. 1932 war das Grimselhospiz das erste elektrisch beheizte Hotel Europas, und auch nach der umfassenden Instandsetzung 2010 erfolgt die Beheizung mit Abwärme aus der Stromproduktion der nahen Kraftwerke Oberhasli (KWO). Die Gästezimmer wurden neu ausgekleidet und mit Möbeln ausgestattet, die im Tal nach historischem Vorbild stilgerecht geschreinert wurden. Arvensaal und Turmsaal wurden sorgfältig restauriert, und ein Felsenkeller wartet mit einer reichen Weinauswahl auf.

ENTRE LA FÉE ÉLECTRICITÉ ET LES FORCES DE LA NATURE

Avec sa façade de granit sévère, l'hospice du Grimsel occupe un emplacement spectaculaire dominant le lac. Le sentier historique du col passait par là avant que soit construit le barrage du Grimsel – alors le plus haut du monde avec ses 114 mètres – et que la vallée soit inondée. En 1932, l'hospice était le premier hôtel d'Europe chauffé à l'électricité. Depuis la rénovation complète en 2010, le chauffage est assuré par la chaleur provenant de la centrale voisine des Forces motrices de l'Oberhasli (FMO). Les chambres ont été entièrement reconstituées, avec des meubles fabriqués dans la vallée selon des modèles historiques. La grande salle en arolle et la salle de la Tour ont été soigneusement restaurées. Une cave taillée dans la roche abrite un riche assortiment de vins.

25

HOTEL AN DER AARE

SOLOTHURN, SO

T: 032 626 24 00 / www.hotelaare.ch
16 Zimmer / DZ CHF 170.– bis 242.–
Erbaut 1735: Joseph Abeille
Umbau 2005: Kurt Stalder

CHF CHF

GELUNGENE UMNUTZUNG AM FLUSS

Der Neubau des Bürgerspitals im Schöngrünquartier setzte 1930 der ursprünglichen Nutzung des «Alten Spitals» ein Ende. In den 1980er Jahren wurde der verwahrloste Gebäudekomplex durch die Einwohnergemeinde renoviert und als Kultur- und Kongresszentrum wiederbelebt. Das Hotel wurde 2005 im ehemaligen Schwesternhaus eröffnet. Die Zimmer mit Sicht auf die Aare oder den Innenhof wurden mit Nasszellen ausgestattet, und die originalen Parkett- und Steinzeugböden konnten teilweise erhalten werden. Das Gebäudeensemble beherbergt ausserdem ein Seminar- und Kongresszentrum, Künstlerateliers und das Restaurant Aaregarten. Auch der hauseigene Boulderraum darf von den Gästen benutzt werden.

RÉAFFECTATION RÉUSSIE AU BORD DU FLEUVE

La construction du Bürgerspital dans le quartier de Schöngrün a entraîné la désaffection de l'ancien hôpital en 1930. Durant les années 1980, le complexe laissé à l'abandon a été rénové par la Commune de Soleure qui l'a fait revivre sous la forme d'un centre culturel et de congrès. L'hôtel a été aménagé dans l'ancienne Schwesternhaus (maison des infirmières) et ouvert en 2005. Les chambres, qui donnent sur l'Aar ou sur la cour intérieure, ont été équipées de salles de bain. Les parquets d'origine et les sols en grès ont pu être en partie conservés. Les lieux abritent également un centre de congrès, des ateliers d'artistes et le restaurant Aaregarten. La salle d'escalade peut être utilisée par les clients également.

26

HOTEL BASELTOR

SOLOTHURN, SO

T: 032 622 34 22 / www.baseltor.ch
15 Zimmer / DZ CHF 200.– bis 280.–
Erbaut im 17. Jahrhundert, Umbau Haupthaus und Dépendancen 1992/99/2012: Gérard und Ursula Staub

DAS ALTSTADTBIJOU IM HERZEN SOLOTHURNS

Für Freunde der Baukultur und des unaufdringlichen Designs ist das Hotel im ehemaligen Domherrenhaus schon längst kein Geheimtipp mehr. Die Zimmer und Suiten sind auf drei Altstadtgebäude zwischen dem nördlichen Stadttor und der imposanten St. Ursenkathedrale verteilt. Die Einrichtung der sorgfältig und innovativ renovierten Räume beglückt mit Qualitätsmobiliar im Bauhausstil. Hübsche Gartenterrassen auf die Hauptgasse und zum alten Zeughaus hin laden zum Verweilen. Das Restaurant besticht durch innovative, regionale Küche. Kein Wunder, ist das charaktervolle Gasthaus durchgehend gut gebucht und reich an Stammkunden!

UN BIJOU AU CŒUR DE LA VIEILLE-VILLE DE SOLEURE

L'hôtel aménagé dans l'ancienne maison du Chapitre n'a, depuis bien longtemps, plus de secret pour les amateurs de patrimoine construit et de design discret. Les chambres et les suites sont réparties sur trois bâtiments de la vieille-ville, situés entre la porte du Nord et l'imposante cathédrale Saint-Ours. La rénovation est soignée et innovante, les aménagements intérieurs sont séduisants avec leurs meubles de style Bauhaus. Les délicieuses terrasses sur la rue principale et vers l'ancien arsenal invitent à musarder. Le restaurant éblouit par sa cuisine régionale originale. Il n'est guère étonnant que cet hôtel ait tant de succès et compte de nombreux habitués!

27

L'AUBERGE LANGENTHAL

LANGENTHAL, BE

T: 062 926 60 10 / www.auberge-langenthal.ch
16 Zimmer / DZ CHF 190.– bis 300.–
Erbaut 1870, Umbau 2011: Blum und Grossenbacher Architekten AG

TUCHHÄNDLER-VILLA IM NEUEN GEWAND

Haupthaus, Remise und grosszügiger Garten formen ein stolzes Ensemble aus der zweiten Hälfte des 19. Jahrhunderts. Wo einst die Langenthaler Oberschicht residierte, gehen seit 2011 Gäste ein und aus. Möglich gemacht hat dies eine umfassende und denkmalgerechte Umwandlung in ein Hotel mit 16 Zimmern samt gehobenem Restaurant. Die Innenausstattung ist ganz im Sinne der kleinen Design-Hochburg im Oberaargau gehalten: Moderne und hochwertige Möbel fügen sich in die historischen Räume sorgfältig, aber durchaus selbstbewusst ein. Angeboten werden verschieden grosse Zimmer von unterschiedlichem Standard. Die Lage ist zentral: wenige Schritte vom Bahnhof entfernt, aber in der Nähe eines Kreisels.

UNE VILLA DE DRAPIERS DANS DE NOUVEAUX ATOURS

Le bâtiment principal, la remise et le grand jardin forment un ensemble majestueux datant de la seconde moitié du 19e siècle. Depuis 2011, les hôtes vont et viennent là où résidait jadis la classe possédante de Langenthal. Une transformation complète et respectueuse a fait de cette demeure un hôtel comprenant 16 chambres et un restaurant raffiné. L'aménagement intérieur est en harmonie avec ce haut-lieu du design de la Haute-Argovie: un mobilier moderne et de qualité s'intègre sans complexe aux murs historiques. Des chambres de tailles et de standards variés sont proposées. La situation est centrale: à quelques pas de la gare mais aussi à proximité d'un giratoire.

28

KLOSTER SCHOENTHAL

LANGENBRUCK, BL

T: 061 706 76 76
www.schoenthal.ch
5 Zimmer / DZ CHF 210.– bis 250.–
Erbaut ca. 1140
Umbau 1999: Martin Erny und Karl Schneider

KUNST UND NATUR IM BASELBIETER JURA

Als «work in progress» versteht sich die stets wachsende Skulpturensammlung auf dem Gelände des romanischen Klosters. Der Stiftung «Sculpture at Schoenthal» ist es zu verdanken, dass inmitten der stillen Hügellandschaft eine ganz besondere Begegnungsstätte mit Werken von namhaften zeitgenössischen Künstlern entstanden ist. Eine ganzheitliche Kulturwahrnehmung steht im Zentrum des Projekts. Die in der Vergangenheit als Ziegelbrennerei und Geräteschopf zweckentfremdete wertvolle romanische Kirche wurde nach dem Besitzerwechsel sorgfältig restauriert. Stilvolle Gästezimmer laden zu einem längeren Aufenthalt. Zum herzhaften Frühstück werden Produkte vom verpachteten Kloster-Bauernhof aufgetischt.

ART ET NATURE DANS LE JURA BÂLOIS

Sur le domaine du cloître de Schoenthal, dans le Jura bâlois, une collection de sculptures ne cesse de s'enrichir. C'est à la fondation «Sculpture at Schoenthal» que l'on doit cet ensemble unique d'œuvres d'artistes contemporains renommés au milieu d'un paysage paisible de collines. Une conception culturelle globale gouverne le projet. La magnifique église romane, qui avait été utilisée comme bergerie et remise à outils, a été soigneusement restaurée par les nouveaux propriétaires. Des chambres aménagées avec goût invitent à un séjour prolongé. Et des produits savoureux provenant de la ferme du cloître sont servis au petit-déjeuner.

29

SCHLOSS BINNINGEN

BINNINGEN, BL

T: 061 425 60 00 / www.schlossbinningen.ch
23 Zimmer / DZ CHF 150.– bis 500.–
Imhofhaus erbaut 1592, Renovation und Erweiterung 2008: Buol und Zünd Architekten

SEEROSEN, HOCHZEITEN UND EINE BAUKULTURINSEL

Nur wenige Tramminuten vom Bahnhof Basel SBB entfernt, umringt von einem heterogenen Gebäudeteppich, bilden das erweiterte «Imhof-Haus» und das «Balik-Haus» mit ihren Treppengiebelfassaden den Eingangsbereich zum Schloss. Im «Imhof-Haus», dessen mittelalterlicher Teil 2008 teleskopartig erweitert wurde, befindet sich neben dem Hotel auch das Standesamt. Bei guter Witterung kann im sorgfältig gestalteten Park neben Seerosenbecken gefrühstückt werden. Die mit Qualitätsmöbeln eingerichteten Zimmer verfügen über aussergewöhnlich grosszügige Nasszellen und ein stimmiges Farbkonzept. Gut zu wissen: Während der Art Basel und der Baselworld vervielfachen sich die sonst überraschend günstigen Zimmerpreise.

UN PETIT-DÉJEUNER DANS LES NÉNUPHARS

A quelques minutes de la gare CFF de Bâle, l'Imhof-Haus, ses annexes et la Balik-Haus forment l'entrée du château. L'Imhof-Haus, dont la partie moyenâgeuse a été agrandie en 2008 par deux ailes d'aspect télescopique, abrite l'hôtel ainsi que l'office de l'état-civil. Par beau temps, il est possible de prendre le petit-déjeuner dans le parc artistiquement agencé, à côté d'un bassin à nénuphars. Les chambres garnies de meubles de qualité disposent de salles d'eau aux dimensions généreuses et sont décorées selon un code de couleurs précis. Bon à savoir: durant Art-Basel et Baselworld, les prix des chambres, avantageux à l'ordinaire, prennent l'ascenseur!

30

KRAFFT BASEL

BASEL, BS

T: 061 690 91 30 / www.krafftbasel.ch
60 Zimmer / DZ CHF 270.– bis 380.–
Erbaut 1873: Ferdinand Iselin
Renovation 2005–2013: Barbara Buser und Ursula Staub-Feller

CHF CHF CHF

ELEGANTES STADTHOTEL FÜR DESIGNFREUNDE

Seit mehr als 130 Jahren werden im klassizistischen Haus am Rhein Gäste empfangen. Unter der Führung der innovativen Krafft Gruppe wurde das Hotel in kürzester Zeit zur beliebten Adresse für designaffine Reisende. Den Betreibern und Architektinnen gelang es, die Spuren der reichen Geschichte geschickt zu pflegen und neu in Wert zu setzen. Grosse Beachtung wurde auch dem Mobiliar geschenkt: Designklassiker, ausgesuchte Vintage-Möbel und liebevoll instand gesetzte Einbauten aus den 50er Jahren verleihen den Räumen einzigartigen Charme. Das 2013 aufgefrischte Restaurant bietet kulinarische Verheissungen, und im Sommer lockt eine mit Olivenbäumen und Rosen bestückte Gartenterrasse direkt am Rhein.

ÉLÉGANT HÔTEL POUR AMATEURS DE DESIGN

Au bord du Rhin, cette maison de style classique accueille des hôtes depuis plus de 130 ans. Sous la direction innovante du groupe Krafft, l'hôtel est devenu en un temps record une adresse très appréciée des voyageurs férus d'esthétique. Les exploitants et les architectes ont traité avec savoir-faire les traces d'une très riche histoire et les ont mises en valeur. Une attention particulière a été accordée au mobilier: classiques du design, meubles vintage intéressants et éléments encastrés des années 1950 restaurés avec amour confèrent un charme exceptionnel à l'endroit. Le restaurant, rafraîchi en 2013, propose ses tentations culinaires. En été, il invite à profiter de la terrasse sur le Rhin ornementée d'oliviers et de rosiers.

31

HOTEL AU VIOLON

BASEL, BS

T: 061 269 87 11 / www.au-violon.com
20 Zimmer / DZ CHF 160.– bis 180.–
Erbaut als Kloster 14./15. Jh.
Umbau zum Gefängnis 1835, Transformation in Hotel 1999: Buol und Zünd Architekten

CHF CHF

ÜBER DEN DÄCHERN BASELS

Nur ein paar Schritte vom Barfüsserplatz entfernt erhebt sich das ehemalige Augustinerkloster auf einem Hügel. Die Räumlichkeiten im Gebäudekomplex erfuhren mehrere Umnutzungen. Unter anderem wurden sie von 1835 bis 1995 als Gefängnis genutzt und 1999 zum Museum für Musik und in ein Hotel umgebaut. An den ungewöhnlichen Fensterformen und niedrigen Türen der «Zellenzimmer» ist der vergangene Verwendungszweck noch immer ablesbar. Zusätzlich zur Bedeutung «Geigenspiel» bedeutet «Au violon» umgangssprachlich auch «im Gefängnis». Im stimmungsvollen Innenhof lädt die Gartenwirtschaft zum Verweilen, und vom Gastraum der Brasserie aus geniesst man einen schönen Ausblick über die Dächer der Altstadt.

AU-DESSUS DES TOITS DE BÂLE

L'ancien couvent des Augustins se dresse sur une colline, à quelques mètres seulement de la Barfüsserplatz. Au cours des siècles, les espaces de cet ensemble de bâtiments ont été affectés à divers usages. Ils ont été notamment utilisés comme prison entre 1835 et 1995, avant d'être transformés en 1999 en musée de la musique et en hôtel. La forme étrange des fenêtres et les portes étroites rappellent encore cette ancienne utilisation. Elles devraient mettre la puce à l'oreille de ceux pour qui le nom «Au Violon» n'est pas suffisamment évocateur. La terrasse installée dans le jardin poétique invite à la rêverie. De la salle de la brasserie, les convives jouissent d'une vue spectaculaire sur les toits de la vieille-ville.

32

KLOSTERHERBERGE BALDEGG

BALDEGG, LU

T: 041 914 18 50 / www.klosterbaldegg.ch
13 Zimmer / DZ CHF 116.– bis 144.–
Erbaut 1928
Umbau Herberge 2009: Jordi + Partner AG

ZU GAST BEI DEN BALDEGGER SCHWESTERN

Als «Haltestelle für das Leben» bezeichnet die franziskanische Schwesterngemeinschaft die Klosterherberge. Die nüchtern gestalteten Räumlichkeiten halten einige Überraschungen bereit. Der Gebäudekomplex funktioniert fast wie ein kleines Dorf. Neben den Herbergezimmern sind hier auch Büros, Handwerkstätten, Wohnungen, Tagungsräume, ein Klosterladen und ein Klosterkafi zu finden. Auffallend sind die präzis gesetzten Kunstwerke. Die Mischung aus sakraler und konkreter Kunst überrascht und überzeugt. Die Schwestern offerieren unaufdringliche Gastfreundschaft. Wer möchte, darf gerne auch an den Gebetszeiten teilnehmen. Tipp: Die Kapelle im von Marcel Breuer 1972 gebauten Mutterhaus kann auf Anfrage besucht werden.

L'HOSPITALITÉ DES SŒURS DE BALDEGG

La communauté des sœurs franciscaines décrit l'auberge du couvent comme une «halte pour la vie». Aménagés simplement, les locaux recèlent quelques surprises. Le complexe de bâtiments fonctionne presque comme un village en miniature. A côté des chambres d'hôtes, on trouve des salles de séminaire, la boutique et le café du couvent. On remarquera les œuvres savamment installées dans une combinaison à la fois étonnante et convaincante d'art sacré et profane. Les sœurs proposent une hospitalité discrète et celui qui le souhaite est le bienvenu aux offices. A ne pas manquer: la chapelle dans la maison de la mère, édifiée en 1972 par Marcel Breuer, qui peut être visitée sur demande.

33

JUGENDSTIL-HOTEL
PAXMONTANA
FLÜELI-RANFT, OW

T: 041 666 24 00
www.paxmontana.ch
83 Zimmer / DZ CHF 200.– bis 750.–
Erbaut 1896, Umbau und Gesamtrenovation 2011: Pfister Schiess Tropeano Architekten

NEU ERWECKTER JUGENDSTIL-HOTELTRAUM

Ein ungewöhnlich langer Laubengang führt zum Vorplatz des prächtigen Gebäudes mit den markanten Turmaufsätzen. Das ehemalige Kurhaus erhebt sich an bester Lage und wurde in enger Zusammenarbeit mit der Denkmalpflege umfassend und aufwändig renoviert. Spezialanfertigungen wie die mit einer historischen Druckmaschine hergestellte Tapete in den Zimmerkorridoren verleihen dem Ort eine aussergewöhnliche Eleganz. Jugendstil-Elemente werden stimmig mit zeitgenössischem Qualitäts-Mobiliar kombiniert. Die Einträge in den Zimmertagebüchern zeigen, dass anspruchsvolle Gäste aus aller Welt hier den namengebenden «Bergfrieden» finden.

RENAISSANCE D'UN HÔTEL DE RÊVE

Une allée couverte de végétation conduit à l'esplanade de cet édifice à la silhouette singulière, avec son clocheton et sa tour quadrangulaire. Cet ancien établissement de cure, qui bénéficie d'une situation idéale, a été restauré entièrement et sans compter, en collaboration étroite avec le service des monuments historiques. Des éléments fabriqués spécialement, comme la tapisserie dans les corridors, imprimée sur une presse historique, donnent aux lieux une élégance unique. Des éléments Jugendstil s'accordent avec un mobilier contemporain de qualité. Les inscriptions dans les livres d'or des chambres indiquent que des hôtes exigeants du monde entier ont trouvé ici la «paix des montagnes» qui a donné son nom à l'hôtel.

34

HOTEL TERRASSE AM SEE

VITZNAU, LU

T: 041 397 10 33 / www.hotel-terrasse.ch
21 Zimmer / DZ CHF 145.– bis 250.–
Erbaut 1873, Erweiterung 1931: Arnold Berger
Renovation 2012: Vincenz Erni

CHF CHF !

EIN STÜCK ZENTRALSCHWEIZER TOURISMUSGESCHICHTE

Der Bau der Zahnradbahn auf die Rigi und die Verlegung der Schiffsanlegestelle ins Dorf brachten im 19. Jahrhundert eine Blütezeit des Tourismus für Vitznau. Das 1873 direkt neben der Bahnstation erbaute Hotel wurde 1931 um den markanten, in den See ragenden Rundbau mit Panoramafenstern erweitert. Ein stimmungsvolles Wandgemälde von Eduard Renggli und die grosse, kreisförmige Leuchte im Speisesaal erinnern in einzigartiger Atmosphäre an das damals erste «Dancing» der Region. Die Hotelbesitzer haben das Potential des Hauses erkannt: in Zusammenarbeit mit der Denkmalpflege und einer Möbelrestauratorin werden Gebäude und Mobiliar Schritt für Schritt umsichtig für zeitgenössische Ansprüche ertüchtigt.

AU CŒUR DE L'HISTOIRE TOURISTIQUE DE LA SUISSE CENTRALE

La construction du chemin de fer à crémaillère et le déplacement de l'embarcadère ont marqué l'essor du tourisme à Vitznau. Construit en 1873 juste à côté de la station du train, l'hôtel a été agrandi en 1931 avec une étonnante rotonde panoramique édifiée sur le lac. Une fresque poétique d'Eduard Renggli et le grand plafonnier circulaire dans la salle à manger rappellent l'atmosphère unique de ce qui était alors le premier «dancing» de la région. Le propriétaire de l'hôtel a reconnu le potentiel des lieux: en collaboration avec le service des monuments historiques et une restauratrice de meubles, les bâtiments et le mobilier sont adaptés peu à peu et avec discernement aux standards actuels.

35

LADY'S FIRST DESIGN HOTEL

ZÜRICH, ZH

T: 044 380 80 10 / www.ladysfirst.ch
28 Zimmer / DZ CHF 290.– bis 395.–
Erbaut um 1890, Renovation und Umbau 2000: Pia Schmid

AUCH FÜR GENTLEMEN

Wenige Schritte vom See entfernt liegt dieses Stadthotel im begehrten Quartier Seefeld. Jahrzehntelang diente das Haus als Töchterpension, bis es im Jahr 2000 in ein Hotel umgebaut wurde, das Frauen und Männer gleichermassen willkommen heisst. Nur die obersten Etagen mit Sauna und Dampfbad sowie der grandiosen Dachterrasse sind immer noch weiblichen Gästen vorbehalten. Hohe Zimmerdecken, ursprüngliches Holztäfer und ein subtiles Farbkonzept verleihen den Hotelzimmern schlichte Eleganz. Bei gutem Wetter kann in der Rosenlaube im Innenhof gefrühstückt werden. «Lady's First» sowie der Partnerbetrieb «Hotel Marta» bieten Integrationsarbeitsplätze für Frauen und wurden für ihr Sozialkonzept ausgezeichnet.

LES MESSIEURS SONT AUSSI LES BIENVENUS

Cet hôtel urbain de Seefeld, un quartier très recherché, se trouve à quelques pas du lac. Durant des décennies, la maison a servi de pension de jeunes filles. Elle a été transformée en hôtel en l'an 2000. Au Lady's First, les hommes sont aussi bienvenus que les femmes. Seuls les étages supérieurs, avec un sauna, un bain turc et une magnifique terrasse sur le toit, sont encore réservés à la gent féminine. Avec leurs hauts plafonds, leurs lambris d'origine et une subtile composition de couleurs, les chambres sont d'une sobre élégance. Par beau temps, le petit-déjeuner peut être pris sous la tonnelle de roses, dans la cour intérieure. L'établissement et son partenaire l'Hôtel Marta proposent des emplois d'intégration pour des femmes et ont été primés pour leur projet social.

36

PENSION KALKBREITE

ZÜRICH, ZH

T: 044 295 94 94 / www.pension-kalkbreite.net
11 Zimmer / DZ CHF 90.– bis 140.–
Erbaut 2014: Müller Siegrist Architekten AG / Freiraumarchitektur GmbH

CHF

ZU GAST IN EINEM NEUEN STÜCK STADT

Bei der Konzeption des zentral gelegenen Wohn- und Gewerbebaus «Kalkbreite» war kein kommerzieller Immobilienentwickler am Werk, sondern eine Genossenschaft. Rund 450 Personen leben und arbeiten nun im partizipativ entwickelten, ökologischen Neubau, der ausser Räumen für vielfältige Lebens- und Arbeitsmodelle auch ein Tramdepot, ein Kino, Läden und einen grossen Hof enthält. Neben den elf barrierefreien Gästezimmern der Pension können auch «flex» genannte Sitzungs- und Veranstaltungsräume gemietet werden. Die Halle, ein zentraler Empfangsraum mit Bibliothek, Briefkästen und Cafeteria, ist Treffpunkt für Bewohner und Gäste. Fürs Frühstück stehen drei hauseigene Restaurants zur Wahl.

DÉCOUVRIR UNE NOUVELLE «TRANCHE» DE VILLE

Jouissant d'une situation centrale, le bâtiment artisanal et d'habitation «Kalkbreite» a la particularité de ne pas avoir été créé par un promoteur immobilier, mais par une coopérative. Quelque 450 personnes vivent et travaillent dans cette nouvelle construction écologique développée sur un mode participatif qui, outre des lieux adaptés à divers modèles de vie et de travail, comprend un dépôt de trams, un cinéma, des magasins et une grande cour intérieure. Outre les onze chambres de la pension, accessibles aux personnes handicapées, les salles «flex» pour séminaires et manifestations sont à louer. Le hall central abrite la bibliothèque, les boîtes à lettres et la cafétéria: c'est le point de rencontre des habitants et des hôtes. Pour le petit déjeuner, trois restaurants sont à disposition.

37

PENSION KAFISCHNAPS
PENSION ZUM GUTEN GLÜCK

ZÜRICH, ZH

www.kafischnaps.ch / www.zumgutenglueck.ch
Buchung nur per Internet
5/10 Zimmer / DZ CHF 79.– bis 118.–
Erbaut 1925 / 1897

ZÜRICH MIT QUARTIERANSCHLUSS

Die Partner-Pensionen in den beliebten Zürcher Quartieren Wipkingen und Wiedikon bieten einfache, stilvoll eingerichtete Gästezimmer in renovierten Altbauten. Zürcher Designer richteten die nach Obstbränden benannten Zimmer im Kafischnaps ein. Im Gasthaus zum Guten Glück tragen Secondhand-Möbel aus den 1950er und -60er Jahren zur besonderen Atmosphäre bei. Im Erdgeschoss beider Pensionen treffen Quartierbevölkerung, Szenegänger und Touristen aufeinander. In der ehemaligen Metzgerei Kafischnaps wird das Frühstück bis 16 Uhr serviert, anschliessend gibt's lokales Bier und Solides. Das Gute Glück lockt mit herzhaften Pfannkuchen und Waffeln sowie täglich wechselnden Mittagsmenus. Zürich, wie es leibt und lebt.

AMBIANCE DE QUARTIER À ZURICH

Les deux pensions affiliées, installées dans les quartiers très prisés de Wipkingen et Wiedikon, proposent des chambres simples mais installées avec style dans des maisons anciennes. La pension Kafischnaps a été aménagée par des designers zurichois qui ont baptisé les chambres de noms d'eau de vie. A l'auberge Zum guten Glück, l'atmosphère particulière tient aux meubles de récupération des années 50 et 60. Aux rez-de-chaussée des deux pensions se mêlent habitants du quartier, clients branchés et touristes. Au Kafischnaps, qui fut une boucherie en son temps, le petit-déjeuner est servi jusqu'à 16h. Mais on y trouve de la bière locale et du plus substantiel. Quant au Zum guten Glück, il propose des crêpes et des gaufres savoureuses ainsi qu'un plat du jour. Zurich telle qu'en elle-même!

38

GASTHOF HIRSCHEN

EGLISAU, ZH

T: 043 411 11 22
www.hirschen-eglisau.ch
7 Zimmer / DZ CHF 190.– bis 490.–
Erbaut 1573 / 1662 / 1870
Umbau 2008: d/a/x Atelier für Architektur AG

ELEGANZ AUS VIER JAHRHUNDERTEN

Am östlichen Stadtausgang, direkt am Rhein, liegt die beliebte Terrasse des Gasthofs Hirschen. Das Hotel zeigt exemplarisch, wie perfekt gute Baukultur aus verschiedenen Epochen zusammenpassen kann. Der Gebäudekomplex besteht aus einem spätgotischen Haupthaus und angebauten Teilen aus mehreren Jahrhunderten. 1974 wurden die stadtseitigen aussergewöhnlichen Fassadenmalereien freigelegt. Die sorgfältige Restauration setzte bemerkenswerte Wandbilder und Stukkaturen instand. Historische Bauteile wie eine barocke Kassettendecke aus der Region wurden gekonnt integriert. Die marokkanischen Keramikböden im Bistro und in den grosszügigen Baderäumen harmonieren mit den lokalen Antiquitäten. Die Küche ist ausgezeichnet.

QUATRE SIÈCLES D'ÉLÉGANCE

La terrasse très courue du Gasthof Hirschen donne directement sur le Rhin. A la sortie est de la ville, cet hôtel illustre de belle manière la parfaite harmonie qui peut découler de la juxtaposition des époques dans une architecture de qualité. L'ensemble se compose d'un bâtiment principal du gothique tardif et d'extensions de différentes périodes. En 1974, d'extraordinaires peintures ont été dégagées sur la façade côté ville. A l'intérieur, les fresques et les stucs ont été scrupuleusement remis en état. Des éléments anciens, tel qu'un plafond baroque à caissons provenant de la région, ont été intégrés avec habileté. Les sols du bistrot en céramique marocaine et les généreuses salles de bains se marient à merveille avec les antiquités locales. La cuisine est excellente.

39

GASTHOF GYRENBAD

TURBENTHAL, ZH

T: 052 385 15 66 / www.gyrenbad.ch
7 Zimmer / DZ CHF 145.– bis 155.–
Erbaut 17. Jh., 19. Jh., renoviert 1992 / 2004:
Irion Architekten AG

LANDGASTHOF IM TÖSSTAL

Bereits im 15. Jahrhundert besuchten gut situierte Bürger das Gyrenbad im Zürcher Oberland zur Erholung und Heilung von Gebrechen. Der Mitteltrakt des heutigen Gasthofs geht auf das 17. Jahrhundert zurück. Die angebotenen Reinigungsbäder und Molke-Kuren genossen damals wachsende Beliebtheit, 1825 sowie 1843 erhielt das Gebäude zwei seitliche Erweiterungen. Die Zeiten des Badens sind seit 1968 vorbei, die ehemalige Badehalle ist zum Gastraum mit offener Feuerstelle geworden. Umsichtige Renovations- und Umbauarbeiten erhielten die historische Patina. Gaststuben und Speisesäle wurden in originaler Farbigkeit aufgefrischt, und der von Werner Rüegger restaurierte Kurgarten erfreut wieder Auge und Herz.

AUBERGE DE CAMPAGNE DANS LA VALLÉE DE LA TÖSS

Au 15e siècle déjà, les riches bourgeois fréquentaient le Gyrenbad pour s'y reposer et y soigner des maux divers. Le corps de l'auberge actuelle remonte au 17e siècle. Les bains purifiants et les cures de petit-lait connaissant un engouement grandissant, le bâtiment a été complété par deux ailes en 1825 et en 1843. L'ère du thermalisme a pris fin en 1968. Le bain a été transformé en salle à manger avec cheminée. Des rénovations et des transformations effectuées avec discernement ont su préserver la patine du temps. Salons et salles de différentes dimensions ont été rafraîchis et ont retrouvé leurs teintes originales. Quant au jardin de l'ancien établissement de cure, il a été restauré par Werner Rüegger: il enchante à nouveau l'œil et réjouit les cœurs.

40

GASTHOF ZUM HIRSCHEN

OBERSTAMMHEIM, ZH

T: 052 745 11 24
www.hirschenstammheim.ch
6 Zimmer / DZ CHF 120.–
Haupthaus erbaut 1684,
Trotte und Saalanbau 1777

IMPOSANTES FACHWERKHAUS IM ZÜRCHER WEINLAND

Im grössten Weinbaugebiet des Kantons Zürich liegt das idyllische Stammheim. Der Gasthof Hirschen am Ostrand des Dorfes zählt zu den bedeutendsten Bürgerhäusern im Kanton. 1684 als herrschaftlicher Landsitz mit Gutsbetrieb errichtet, dient er seit Ende des 18. Jahrhunderts als Gasthaus und wird mit grosser Sorgfalt gepflegt. Die kunstvoll bemalten Renaissancetüren und reich verzierten Kachelöfen sind einmalige Kostbarkeiten. Verschiedene Räume im Gasthof sind mit Fotografien von Theo Frey geschmückt. Die Bilder entstanden im Rahmen der «Landi 39» und porträtieren Stammheim als typische Gemeinde im Weinland. Übrigens: Auch Pferde finden im Stall des Hirschen Unterkunft!

IMPOSANTE MAISON À COLOMBAGES DU VIGNOBLE ZURICHOIS

Le village idyllique de Stammheim se love dans la principale région viticole du canton de Zurich. L'hôtel Hirschen, à l'est de la localité, compte parmi les plus importantes maisons patriciennes du canton. Construite en 1684 avec des dépendances rurales et utilisée comme auberge dès le 18e siècle, elle a été entretenue avec soin. Les portes peintes Renaissance et les poêles en faïence richement décorés sont des trésors uniques. Plusieurs pièces et chambres de l'établissement sont ornées de photographies de Theo Frey. Les prises de vue remontent à l'exposition nationale de 1939: Stammheim y représentait un village typique du Weinland. A noter que même les chevaux sont les bienvenus au Hirschen qui dispose de ses propres écuries!

41

KARTAUSE ITTINGEN

WARTH, TG

T: 052 748 44 11 / www.kartause.ch
68 Zimmer / DZ CHF 260.– bis 270.–
Erbaut 1150 als Augustinerchorherrenstift, 1461 bis 1848 Kartäuserkloster, Wiederaufbau 1983: Rudolf und Esther Guyer, Umbau Restaurant / Hotel 2003–2009: Regula Harder und Jürg Spreyermann.

CHF CHF CHF

BLÜTEN DER SPIRITUALITÄT UND HOCHKULTUR

Eingebettet in die liebliche Hügellandschaft liegt das Klosterensemble mit seinen charakteristischen Mönchsklausen, den Heilpflanzengärten, einem Thymianlabyrinth, dem rekonstruierten Barockgarten, über tausend Rosenstöcken mit historischen Sorten, der Rokokokirche und dem Gutshof. Die Stiftung Kartause Ittingen rettete das Ensemble 1977 vor dem Zerfall und überführte die klösterlichen Werte mit grosser Umsicht in die Gegenwart. Ob an einem Konzert, in den Ausstellungen des Kunstmuseums Thurgau, beim Genuss der klostereigenen Produkte im stilvoll umgebauten Restaurant: dies ist ein Ort der umfassenden Inspiration für Seele, Geist und Körper.

HAUT-LIEU DE LA SPIRITUALITÉ ET DE LA CULTURE

Le couvent thurgovien se love au cœur d'un charmant paysage de collines. Il a tout pour plaire avec ses cellules de moines, ses plantes médicinales, son labyrinthe de thym, son jardin baroque reconstitué, sa roseraie comptant plus de mille plants et des variétés anciennes, son église rococo et sa ferme. En 1977, la fondation «Chartreuse d'Ittingen» sauvait cet ensemble de la ruine et parvenait à le faire entrer dans le monde d'aujourd'hui tout en préservant les valeurs spirituelles du couvent. Que l'on y vienne pour un concert, pour la visite d'une exposition au Musée cantonal des beaux-arts ou pour goûter aux produits du couvent dans la quiétude du restaurant, ce lieu est une source d'inspiration pour l'âme, l'esprit et le corps.

42

SEMINARHOTEL

KLOSTER FISCHINGEN

FISCHINGEN, TG

T: 071 978 72 20 / www.klosterfischingen.ch
30 Zimmer / DZ CHF 150.– bis 170.–
Erbaut 1138 / 1687 / 1765
Umbau in Seminarhotel 2014: Innoraum Carl Widmer AG / Krucker Partner AG

ZEN-MEDITATION UND KLASSISCHE KONZERTE IM BENEDIKTINERKLOSTER

Das über mehrere Epochen entstandene Ensemble des Klosters Fischingen gilt als Baudenkmal von nationaler Bedeutung und ist ein wichtiger Etappenort des Pilgerwegs zwischen Konstanz und Einsiedeln. Die Bibliothek mit ihren kostbaren Intarsien, die Klosterkirche und der hochbarocke Zentralbau der St. Iddakapelle sind kunsthistorische Attraktionen für sich. Im neu eröffneten Seminarhotel, das auch Individualgästen offen steht, wird zeitgemässer Komfort in klösterlicher Atmosphäre geboten. Die Zimmer tragen Namen von Heiligen, und die im angrenzenden Trakt lebenden Mönche tragen den Betrieb mit. Kulturprogramm und Meditationszentrum laden zur spirituellen Vertiefung.

MÉDITATION ZEN ET MUSIQUE CLASSIQUE AU COUVENT BÉNÉDICTIN

Monument d'intérêt national, le couvent de Fischingen s'est développé sur plusieurs siècles. Il constitue une étape importante du pèlerinage de Constance à Einsiedeln. La bibliothèque et ses marqueteries précieuses, l'église du monastère et le bâtiment central de la chapelle Sainte Idda, qui date du haut-baroque, représentent à eux seuls des attractions culturelles. L'hôtel pour séminaires, ouvert en 2014, accueille également des hôtes individuels et propose des chambres au confort moderne à l'atmosphère conventuelle. Chaque chambre porte le nom d'un saint et les moines, installés dans l'aile adjacente, participent à l'exploitation de l'établissement. Un programme culturel et un centre de méditation invitent à la quête spirituelle.

43

HOTEL WUNDERBAR

ARBON, TG

T: 071 440 05 05
www.hotel-wunderbar.ch
9 Zimmer / DZ CHF 200.–
Erbaut 1945: G. P. Dubois und J. Eschenmoser
Konzept, Idee und Umbau 2009: Eva Maron und Simone Siegmann

NEU GENUTZTE ARBEITERKANTINE

Im Hotel Wunderbar lässt es sich übernachten – aber nicht nur: Während sich die Gäste von nah und fern im Winter im grosszügigen Saal treffen, werden im Sommer Veranda und Vorplatz zur Freiluft-Bar. Der eingeschossige Pavillon wurde 1944 als Kantine für die Arbeiter der Saurer AG gebaut – am Rand des Fabrikareals zwischen Altstadt und Bodensee. Die neuen Betreiber frischten das Haus ab 2009 auf und liessen Hotelzimmer einbauen. Die Einrichtung passt zum freundlichen Pragmatismus des Hauses. Lauschiger Rückzugsort ist der nur für Hotelgäste zugängliche Garten mit Sicht auf die historischen Lastwagen des benachbarten Saurer-Museums.

MÉTAMORPHOSE D'UNE CANTINE D'ENTREPRISE

A l'Hotel Wunderbar, on ne se contente pas de passer la nuit. En hiver, les clients d'ici et d'ailleurs se retrouvent dans la grande salle du restaurant. En été, la véranda et l'esplanade se transforment en bar de plein-air. Ce pavillon d'un seul niveau a été construit en 1944 pour servir de cantine aux ouvriers de l'entreprise Saurer AG, en bordure du site de la fabrique, entre la vieille-ville et le lac de Constance. Les nouveaux exploitants ont rafraîchi le bâtiment dès 2009 et installé des chambres. Les équipements correspondent assez bien au pragmatisme convivial de la maison. Refuge d'une certaine intimité, le jardin réservé aux hôtes de l'hôtel donne sur la collection de camions du musée Saurer.

44

SCHLOSS WARTEGG

RORSCHACHERBERG, SG

T: 071 858 62 62 / wartegg.ch
25 Zimmer / DZ CHF 220.– bis 290.–
Erbaut 1557, Umbau 1998: Daniel Hagi

DAS BIO-SCHLOSSHOTEL AM BODENSEE

Die 1860 erstellte, weitläufige englische Parkanlage um das Schloss Wartegg ist heute ein nationales Gartendenkmal. Im Schlossgarten werden Pro Specie Rara-Sorten angebaut, die direkt im Restaurant gekostet werden können. Das Ensemble geht auf Kaspar Blarer von Wartensee zurück, der das Schloss im 16. Jahrhundert bauen liess. Nach dem Wegzug der letzten Besitzerfamilie 1958 waren die geschichtsträchtigen Mauern dem Verfall preisgegeben, bis 1998 der Umbau in ein Hotel erfolgte. Heute sorgen das «Türkise Bad» aus dem Jahr 1928, hochwertige Naturmaterialien, ein Spielzimmer und viele weitere Überraschungen dafür, dass sich grosse und kleine Gäste in ruhiger, lockerer Atmosphäre wohlfühlen.

HÔTEL BIO DANS UN CHÂTEAU AU BORD DU LAC DE CONSTANCE

Le vaste parc à l'anglaise aménagé en 1860 autour du château Wartegg est aujourd'hui un jardin historique protégé d'importance nationale. Des légumes Pro Specie Rara cultivés sur la propriété sont cuisinés par le restaurant. Kaspar Blarer von Wartensee avait fait construire l'édifice au 16e siècle. Après le départ de la dernière famille de propriétaires en 1958, ces murs chargés d'histoire ont été laissés à l'abandon jusqu'à la transformation en hôtel qui est intervenue en 1998. Aujourd'hui, le bain de couleur turquoise, datant de 1928, les matériaux naturels de grande qualité, une salle de jeu et bien d'autres surprises contribuent au bien-être des enfants et des adultes dans une atmosphère tranquille et décontractée.

45

MILITÄRKANTINE

ST. GALLEN, SG

T: 071 279 10 00 / www.militaerkantine.ch
21 Zimmer / DZ CHF 205.– bis 305.–
Erbaut 1900, Umbau 2014: Rüsch & Rechsteiner AG / Flury + Furrer Architekten GmbH

VON DER OFFIZIERSUNTERKUNFT ZUM STADTHOTEL

St. Gallen ist um eine Perle reicher: in gelungener Zusammenarbeit nahmen die städtische Denkmalpflege und ein engagiertes Team von Gastgebern die Verwandlung der ehemaligen Militärkantine am Kreuzbleichepark in die Hand. Prächtig erhebt sich das frisch renovierte Gebäude hinter den stattlichen Kastanienbäumen der Gartenwirtschaft. Die Bar, die mit einem kunstvollen Bilderfries auf Episoden der Geschichte des Gebäudes anspielt, ist Treffpunkt für Hotelgäste und Ortsansässige zugleich. Die grosszügigen, verschiedenartigen Zimmer begeistern durch hochwertige, innovative Materialisierung, frische Wildblumen und Vintage-Designmöbel. Für einmal zogen Hotelbetreiber und Denkmalpflege am gleichen Strick.

DE L'HÉBERGEMENT DES OFFICIERS À L'HÔTEL CITADIN

Saint-Gall s'est enrichie d'une nouvelle perle: à la faveur d'une collaboration efficace, les Monuments historiques de la ville et une équipe d'hôteliers motivés ont mené à bien la métamorphose de l'ancienne Militärkantine dans le Kreuzbleichepark. Le bâtiment qui vient d'être rénové se dresse avec splendeur derrière les châtaigniers du jardin du restaurant. Le bar décoré d'une frise raffinée retraçant l'histoire du bâtiment est un lieu de rendez-vous, tant pour les clients de l'hôtel que pour les habitants. Les chambres sont généreuses et variées. Elles séduisent par les matériaux de qualité et leur utilisation innovante, les fleurs sauvages fraîchement coupées et les meubles design vintage. Pour une fois, hôteliers et Monuments historiques ont tiré à la même corde.

46

ALPENHOF

OBEREGG, AI

T: 071 890 09 04 / www.alpenhofalpenhof.ch
14 Zimmer / DZ CHF 140.– bis 170.–
ohne Frühstück
Erbaut 1898, Umbau 2009: Marco Köppel,
Andreas La Roche

CHF !

BÜCHERSCHATZ UND WEITSICHT IM APPENZELL

Auf der Nagelfluh-Krete des St. Anton thront ein schlichtes kubisches Gebäude, das sich auch «Kulturfrachter» nennt. 2010 eröffnete die Genossenschaft Alpenhof das ehemalige Kurhaus neu als Pension. Zusätzlich zur phänomenalen Aussicht über Rheintal, Vorarlberg und Alpsteingebiet gibt es auch im Inneren des Hauses viel zu entdecken: die 12'000 Exemplare starke Bibliothek des Meteorologen und Kunstsammlers Andreas Züst, eine originale Jukebox mit Pop-Trouvaillen und überraschende Kunstinterventionen. Wenn gerade kein kultureller Anlass stattfindet, ist es ruhig: Ein idealer Rückzugs- und Arbeitsort. Ausserdem ist Eigenständigkeit gefragt: Die Gäste holen ihr Frühstück selbst aus der Küche.

PANORAMA ET PROFUSION DE LIVRES EN APPENZELL

A St. Anton, une bâtisse cubique et épurée s'élève de la crête de poudingue. En 2010, la coopérative Alpenhof a ouvert une pension dans cet ancien lieu de cure. Outre la vue phénoménale qu'elle offre sur le Rheintal, le Vorarlberg et l'Alpenstein, cette maison nommée aussi «Kulturfrachter» (cargo de la culture) recèle des merveilles: la bibliothèque du météorologue et amateur d'art Andreas Züst, qui compte quelque 12'000 volumes, un jukebox d'époque avec des trésors de la pop et de surprenantes interventions artistiques. Lorsqu'il n'accueille pas un événement culturel, l'endroit est calme. Il invite à la retraite ou au travail. Et l'autonomie est de rigueur: les hôtes vont chercher eux-mêmes leur petit-déjeuner à la cuisine.

47

BERGGASTHAUS BOLLENWEES

BRÜLISAU, AI

T: 071 799 11 70 / www.bollenwees.ch
4 DZ, 10 Familienzimmer / DZ CHF 168.–
Erbaut 1937: Baumeister Hersche sen.
Erweiterung 1986: Baumeister Hersche jun.
Ausbau 2011: RLC Architekten Marion Spirig

LEBENDIGE APPENZELLER TRADITION IM ALPSTEINGEBIET

In diesem unkomplizierten Berggasthaus fühlt man sich sofort zu Hause. Ausschliesslich zu Fuss erreichbar, ist es besonders beliebt bei Berggängern und Kletterern. Die Familie Manser bietet ihren Gästen solide, frische Kost und ungekünstelte Gastfreundschaft. Das Haus ist das Resultat von Appenzeller Baukultur aus mehreren Generationen: Was Baumeister Hersche Senior begann, erweiterte Hersche Junior in den 1980er Jahren. 2011 erfolgte der Ausbau der Doppel- und Familienzimmer in ebenso qualitätsbewusster Ausführung. Geduscht wird in einladend gestalteten Etagennasszellen, geschlafen wird in behaglichen, rundum in Holz gekleideten Kammern mit Aussicht auf den idyllischen Bergsee.

LES TRADITIONS DE L'APPENZELL DANS L'ALPSTEIN

On se sent tout de suite à l'aise dans cette auberge de montagne sans prétention. Accessible uniquement à pied, elle est particulièrement appréciée des randonneurs et des alpinistes. La famille Manser offre à ses hôtes une nourriture fraîche et consistante ainsi qu'une hospitalité authentique. Construit dans le style appenzellois typique, l'édifice est l'œuvre de plusieurs générations de bâtisseurs: le bâtiment initial de l'architecte Hersche a été agrandi par son fils dans les années 1980. En 2011, les chambres doubles et familiales ont été aménagées avec le même souci de qualité. On s'y douche dans des salles d'eau accueillantes à l'étage et l'on dort dans des chambres entièrement boisées offrant une vue idyllique sur le lac de montagne.

48

GASTHAUS RÖSSLI

MOGELSBERG, SG

T: 071 374 15 11 / www.roessli-mogelsberg.ch
16 Zimmer / DZ CHF 160.–
Erbaut anfangs 18. Jahrhundert

EIGENWILLIGES OSTSCHWEIZER CHARAKTERHAUS

Die Bioküche des «Rössli» ist weitherum bekannt. Sogar ein Kochbuch mit eigenen Rezepten wurde publiziert. Der ausgezeichnet erhaltene geschindelte Strickbau befindet sich an zentraler Lage im idyllischen Dorfkern. Charakteristische Fensterbänder prägen das 1786 erstmals als Gasthaus erwähnte Gebäude. Von einer Gruppe Idealisten im Geiste der 68er Bewegung iniziiert, bietet das baubiologisch renovierte Haus ein stimmiges Gesamterlebnis. Augenzwinkernd wird die Astrologie zelebriert: Ein Handwerker aus der Region hat die Sternzeichen- und Elemente-Zimmer mit Spezialanfertigungen ausgestattet. Die Zimmer verfügen über eigene Waschbecken, die Bäder werden gemeinsam genutzt.

CARACTÈRE ET ORIGINALITÉ EN SUISSE ORIENTALE

La cuisine bio du «Rössli» est connue loin à la ronde: l'hôtel a même publié son propre livre de recettes. La construction en poutres recouverte de tavillons est magnifiquement préservée. Elle jouit d'une situation centrale au cœur d'un village idyllique. Des bandes de fenêtres typiques caractérisent cette bâtisse mentionnée pour la première fois comme auberge en 1786. L'établissement d'aujourd'hui a été fondé par des idéalistes imprégnés de l'esprit de 1968. Ils l'ont rénovée selon les principes de l'éco-construction. Il émane de cette maison une sensation d'harmonie. L'astrologie y est célébrée par un clin d'œil: un artisan de la région a personnalisé les chambres selon les signes du zodiaque et les quatre éléments. Les chambres disposent d'un lavabo, les salles de bain sont communes.

49

GASTHAUS RICHISAU

KLÖNTAL, GL

T: 055 640 10 85 / www.gasthaus-richisau.ch
12 Zimmer / DZ CHF 170.– bis 190.–
Erbaut 1987 (Haupthaus): Peter Kamm, Instandsetzung 2014: Aschmann Ruegge Architekten AG mit Andrea Burkhard und Ernst Beyer

ZEITGENÖSSISCHE INTERPRETATION EINER GLARNER ALP

Roman Signer, Fritz Wotruba, Günther Uecker, Klaus Born und viele weitere namhafte Künstler hinterliessen ihre Spuren an diesem ganz besonderen Ort hoch über dem tiefblauen Klöntalersee. Zwischen schroff aufragenden Bergkämmen trifft Kunst auf Natur. Peter Kamms «dreischiffige Sennhütte», das mit Holzlatten verschalte «Schilte Sächsi» und ein historisches Alphaus mit Schindelverkleidung bilden ein Ensemble von beeindruckender architektonischer Qualität rund um eine einladende Gartenwirtschaft. Die Postautochauffeure stärken sich mit einem herzhaften Wurstsalat, bevor sie wieder ins Tal fahren, und grasende Kühe streifen unter schattenspendenden Bäumen um den «Stein im Richisau» von Karl Prantl.

INTERPRÉTATION CONTEMPORAINE D'UN ALPAGE GLARONNAIS

Roman Signer, Fritz Wotruba, Günther Uecker, Klaus Born et de nombreux autres artistes renommés ont marqué de leur empreinte ce lieu particulier qui domine les eaux bleues du Klöntalersee. Entre les arêtes abruptes, l'art vient à la rencontre de la nature. La cabane en trois parties de Peter Kamm, la «Schilte Sächsi» couverte d'un lattage de bois et un alpage historique forment un ensemble de grande qualité architecturale autour d'un restaurant doté d'une terrasse accueillante. Les chauffeurs des bus postaux reprennent des forces avec une savoureuse salade de cervelas avant de redescendre dans la vallée. Quant aux vaches, elles broutent et profitent de l'ombre des arbres autour de la «Stein im Richisau», ce bloc de granit bleu sculpté par Karl Prantl.

50

BERGHOTEL MADERANERTAL

BRISTEN, UR

T: 041 883 11 22 / www.hotel-maderanertal.ch
30 Zimmer / DZ CHF 100.– bis 110.–
Erbaut 1880 (Haupthaus)
Teilrenovation 2010/2014: Margrit Baumann

CHF

IN SEINER URSPRÜNGLICHKEIT ERHALTENES HOTELENSEMBLE

Auf einem bewaldeten Felssockel thront das Berghotel im Urner Maderanertal. Ab Ende des 19. Jahrhunderts erfreute sich hier eine illustre Gästeschar aus ganz Europa an der wildromantischen Landschaft. Der Anlage mit Haupthaus, Dépendance, Waschhaus und Kapelle wird im Bundesinventar der schützenswerten Ortsbilder der Schweiz (ISOS) nationale Bedeutung beigemessen. Mit Unterstützung des Schweizer Heimatschutzes konnten der zentrale Hofplatz, das erste Hotelgeschoss sowie Dach und Fassade des Waschhauses instand gesetzt werden. Die einfachen Zimmer sind mit Originalmobiliar ausgestattet. Ein Aufenthalt bietet ein ganz besonderes Erlebnis, auch wenn kulinarisch Anspruchsvolle nicht auf ihre Rechnung kommen.

UN ENSEMBLE HÔTELIER PRÉSERVÉ DANS SON ÉTAT D'ORIGINE

Cet hôtel de montagne trône sur un éperon boisé dans le Maderanertal uranais. Dès la fin du 19e siècle, des visiteurs illustres sont venus de tout le continent pour y admirer le paysage sauvage et romantique. L'ensemble, qui comprend un bâtiment principal, une dépendance, une buanderie et une chapelle, est inscrit à l'Inventaire fédéral des sites construits d'importance nationale (ISOS). La cour centrale, le premier étage de l'hôtel, le toit et la façade de la buanderie ont pu être rénovés grâce au soutien de Patrimoine suisse. Les chambres simples sont aménagées avec leur mobilier d'origine. Un séjour dans ces lieux constitue une expérience unique, même si les gourmets n'y trouveront pas leur compte.

51

HOTEL ALPENHOF

WEISSTANNEN, SG

T: 081 723 17 63
www.alpenhof-weisstannen.ch
13 Zimmer
DZ CHF 116.–
Erbaut 1787, erweitert 1850, 1900

REDUIT IM WEISSTANNENTAL

Die einfache Pension im «Tal der Wasserfälle», wie das Weisstannental auch genannt wird, spricht Liebhaber von unberührter historischer Substanz an. So manch einer würde das Haus wohl als sanierungsbedürftig bezeichnen. Den hoch engagierten Gastgebern gelingt es jedoch auf beeindruckende Art, mit grossem Einsatz, erstaunlichem Flair und wenig Geld eine einzigartige Atmosphäre zu zaubern. Die liebevoll eingerichteten Zimmer, die Biedermeierstube und die familiäre Stimmung im Restaurant bescherten dem abgelegenen Ort bereits viele Stammgäste. Standardisierten Komfort sucht man hier vergebens. Für die Zukunft existieren Pläne zur sanften und schrittweisen Instandsetzung. Man darf gespannt sein.

UN REFUGE DANS LA VALLÉE DES SAPINS BLANCS

Nichée dans la Vallée des cascades, nommée également Weisstannental, cette pension toute simple touchera le cœur des amoureux des lieux authentiques. D'aucuns prétendront en revanche que le bâtiment est en mal de rénovation. Avec beaucoup d'engagement, un goût très sûr et des moyens limités, les hôteliers sont pourtant parvenus à créer une atmosphère unique et envoûtante. Les chambres délicatement aménagées, le salon Biedermeier et l'atmosphère chaleureuse du restaurant ont attiré et attaché à cet endroit retiré de nombreux visiteurs. Les hôtes y chercheront en vain un confort standardisé. Mais une mise à niveau progressive et discrète est prévue: on est impatient de voir le résultat.

52

USTRIA STEILA

SIAT, GR

T: 081 925 19 19 / www.ustriasteila.ch
3 Zimmer
DZ CHF 160.– bis 180.–
Erbaut 2010: Gion A. Caminada

CHF CHF

FAST ALS WÄRE SIE SCHON IMMER DAGEWESEN

Auf einer Terrasse am Südhang der Surselva, mitten im kleinen Dorf, steht ein schlüssig ins Ortsbild integrierter Neubau. Baumaterialien und Handwerk, Gastgeber und Speisen stammen aus der Region. Die Ustria ist lokal verankert und versteht sich als ein Stück Dorf, das zur Lebensqualität am Ort beiträgt. Die sorgfältig gestalteten Details von Mobiliar und Innenausbau wirken unprätentiös und unaufdringlich, und der für seine integralen Konzepte bekannte Architekt schaut bisweilen gerne persönlich vorbei. Komplett in Holz gekleidet, bieten die Zimmer Geborgenheit und gleichzeitig spektakuläre Ausblicke. Präzis gesetzte Panoramafenster rahmen die Sicht auf die Signinagruppe und den Oberalppass.

COMME SI ELLE AVAIT TOUJOURS ÉTÉ LÀ

Sur une terrasse du versant sud de la Sursleva, dans le petit village de Siat, se dresse une nouvelle construction qui s'intègre au site avec cohérence. Il n'est rien qui ne provienne de la région: les matériaux de construction comme l'artisanat, les hôteliers comme les mets. L'Ustria est insérée dans le tissu local et se conçoit comme un élément du village qui contribue à la qualité de vie du lieu. Les détails soignés du mobilier et de l'aménagement intérieur sont discrets et sans prétention. L'architecte, connu pour ses concepts intégraux, y passe volontiers de temps à autre. Entièrement revêtues de bois, les chambres sont de vrais refuges, tout en offrant une perspective spectaculaire. Placées avec précision, les fenêtres panoramiques encadrent parfaitement la vue sur la chaîne Signina et le col de l'Oberalp.

53

GASTHAUS AM BRUNNEN

VALENDAS, GR

T: 081 920 21 22 / www.gasthausambrunnen.ch
7 Zimmer / DZ CHF 180.– bis 240.–
Erbaut 1517, Anbau 1674
Umbau 2014: Gion A. Caminada

NEUE WEGE

Die Brunnen-Nixe blickt hoch auf dem grössten Holzbrunnen Europas über den Dorfplatz von Valendas. Dieser ist dank verschiedener Initiativen von «Valendas Impuls» wieder zum lebendigen Treffpunkt für Einheimische und Gäste geworden. Unter anderem erhielt Architekt Gion A. Caminada den Auftrag, das bald 500-jährige «Engihuus» zu einem Gasthaus umzubauen. Der zerfallene Stall nebenan wich einem Neubau mit Festsaal im Obergeschoss, und das renovierte Gebäude lädt nun mit sieben charaktervollen Zimmern und einem kulinarisch innovativen Restaurant zum Aufenthalt. Eine stimmungsvolle Collage aus alten und neuen Elementen hält manche Überraschung bereit. Tipp: werfen Sie einen Blick in die Russkammer.

RENOUVEAU À VALENDAS

Au centre du village de Valendas, l'ondine trône sur la plus grande fontaine en bois d'Europe. Plusieurs initiatives de la fondation Valendas Impuls ont fait de cette place un lieu animé où se rencontrent habitants et visiteurs. Ainsi, l'architecte Gion A. Caminada a été chargé de transformer l'ancien «Engihuus» en restaurant. L'écurie qui tombait en ruines juste à côté a été remplacée par un nouveau bâtiment abritant une salle de banquet à l'étage. Avec ses sept chambres typiques et son restaurant proposant une cuisine innovante, l'«Engihuus» invite à la détente. La juxtaposition d'éléments anciens et modernes ne laisse pas d'étonner les hôtes par l'atmosphère particulière qu'elle dégage. A ne pas manquer: l'ancienne cuisine aux murs couverts de suie.

54

NÜHUS

SAFIEN PLATZ, GR

T: 081 630 60 66
www.safientalferien.ch
6 Zimmer / DZ ab CHF 160.–
Erbaut 1806, Umbau 1960: Rudolf Olgiati
Transformation 2013: Felix Hunger

PREZIOSE IM SAFIENTAL

Man kann getrost von einem Glücksfall sprechen: Das Gastgeberpaar erwarb das über 200-jährige Walserhaus mitsamt Original-Mobiliar und eröffnete darin ein Gasthaus, «weil das Haus danach verlangte». Mit viel Feingefühl und handwerklichem Können wurde die jeweils passendste Lösung gefunden, um die einmaligen Werte des «Nühus» zur Geltung zu bringen. Die grossen quadratischen Fenster und der offene Kamin im Aufenthaltszimmer stammen aus einem geschickten Ausbau in den 1960er Jahren. In der gemütlichen Gaststube mit den massiven, urchigen Tischen und dem grossen Specksteinofen rückt der Unterländer-Stress weit weg. Der Ruhe zuliebe sind Kinder ab 10 Jahren willkommen.

UN TRÉSOR AU SAFIENTAL

On peut parler sans exagérer d'un coup de chance: le couple d'hôteliers a acquis cette maison Walser vieille de plus de deux siècles, avec tout son mobilier original, et y a ouvert une auberge «parce que ce bâtiment le réclamait». Avec beaucoup de goût et d'habileté artisanale, tout a été mis en œuvre afin de trouver à chaque fois une solution permettant de mettre en valeur les charmes passés de la Nühus. Les grandes fenêtres carrées et la cheminée ouverte dans le salon datent d'une rénovation judicieuse dans les années 60. La salle à manger accueillante, avec ses tables rustiques massives et son grand poêle en pierre ollaire, a tôt fait de chasser le stress de la plaine. Afin de préserver la tranquillité, les enfants sont admis dès 10 ans.

55

HOTEL CAPRICORNS

WERGENSTEIN, GR

T: 081 630 71 72 / capricorns.ch
30 Zimmer / DZ CHF 135.– bis 165.–
Erbaut in den 1930er Jahren: Päder und Jenny, Renovation 2011: Iseppi AG

GEWERKSCHAFTSHOTEL WIRD STEINBOCK-ZENTRUM

Hoch über dem Schamsertal hatte der Uhren- und Metallarbeiterverband SMUV in den 1930er Jahren ein «Ferienheim» gebaut. Als die Gewerkschaft in den 1990er Jahren mit der Schliessung ihres Hauses drohte, kaufte die Gemeinde den Betrieb und führte einen bemerkenswerten Wandel herbei: Aus dem «Hotel Piz Vizan» wurde das «Center da Capricorns», heute Hotel, Besucherzentrum des Naturparks Beverin und Aussenstelle der ZHAW in einem. Die 2011 erfolgte dezente Restaurierung hat dem Ensemble seinen gemütlichen Charme der Bauzeit zurückgegeben. Auch bei Regenwetter lässt es sich in dem mit schönem Täfer ausgestalteten Leseraum sowie dem Spielzimmer gut verweilen. Eine kleine Ausstellung widmet sich dem Steinbock.

DU SYNDICAT AUX BOUQUETINS

Sur les hauts de la vallée de Schams, le Syndicat de l'industrie, de la construction et des services (FTMH) avait construit une «maison de vacances» dans les années 30. Lorsqu'il fut question de fermer l'établissement, quelque soixante ans plus tard, la commune de Wergenstein l'a racheté. Le renouveau est frappant: l'Hotel Piz-Vizan est devenu le Center da Capricorns, tout à la fois hôtel, centre de visiteurs du parc naturel Beverin et antenne de la Haute école zurichoise ZHAW. En 2011, une rénovation délicate a rendu aux lieux leur charme et leur convivialité d'origine. Par temps pluvieux, les salles aux belles boiseries se prêtent à la lecture et aux jeux. Une petite exposition est consacrée au bouquetin (Capricorn en romanche).

56

ALTE HERBERGE WEISS KREUZ

SPLÜGEN, GR

T: 081 630 91 30 / www.weiss-kreuz.ch
16 Zimmer / DZ CHF 180.– bis 250.–
Erbaut im 14. Jh., Wiederaufbau 1716
Umbau 2000: Othmar Heisch

VON DER SÄUMERHERBERGE ZUM HOTEL

Die ehemalige Säumerherberge sitzt prägnant auf einer steil abfallenden Hangkante im Oberdorf von Splügen. Die Ursprünge des stattlichen Gebäudes gehen zwar auf das 14. Jahrhundert zurück, sein heutiges Aussehen hat das «Weiss Kreuz» jedoch erst nach dem Dorfbrand von 1716 erhalten. Dank einer sorgfältigen und zurückhaltenden Restaurierung im Jahr 2000 wurde aus der ehemaligen Säumerherberge ein Hotel, in dem sich Geschichte und Gegenwart treffen. Die knarrenden Holzböden, das stolze Gewölbe und die historischen Türen machen die Übernachtung zu Erlebnis. Die Nasszellen in den Zimmern und die Einbauten im Restaurant kontrastieren den historischen Bestand mit Design der 1990er Jahre.

SUR L'ANCIEN SENTIER MULETIER, L'AUBERGE S'EST MUÉE EN HÔTEL

L'ancienne auberge du sentier des muletiers est installée sur la crête escarpée en haut du village de Splügen. Les origines de cette bâtisse remontent au 14e siècle mais l'aspect actuel du Weiss Kreuz est postérieur à l'incendie survenu dans la localité en 1716. Entreprise en l'an 2000, la rénovation soignée et discrète a transformé l'auberge en un hôtel où se côtoient le passé et le présent. Planchers qui craquent, superbe voûte et portes anciennes, dormir dans ces murs est une véritable expérience. D'un style remontant aux années 1990, les salles d'eau aménagées dans les chambres et la décoration du restaurant s'inscrivent en contrepoint de la substance historique.

57

PALAZZO SALIS

SOGLIO, GR

T: 081 822 12 08
www.palazzosalis.ch
14 Zimmer / DZ ab CHF 200.–
Erbaut 1630, Erweiterung 1701

TRADITIONSBEWUSST

Der Palazzo Salis gehört zu den dominierenden Gebäuden im wunderschönen Bergdorf Soglio. Seit 1876 wird der Palast als Hotel genutzt – und ebenso lange befindet sich das erste Haus am Platz im Besitz der Familie Salis. Das Traditionsbewusstsein der Besitzer schafft ein einzigartiges Ambiente: Man übernachtet nicht einfach in einem historischen Hotel, sondern in einem Stück Kulturgeschichte. Der stattliche Bau von 1701 ist aufwändig als Herrenhaus inszeniert – mit historischen Möbeln, Gemälden, allerlei Waffen und Jagdtrophäen. Bemerkenswert ist auch der Garten hinter dem Haus: Eine sorgfältig gepflegte Barock-Anlage, die 2009 mit dem Schulthess Gartenpreis des Schweizer Heimatschutzes ausgezeichnet wurde.

EMPREINT DE TRADITION

Le Palazzo Salis se situe sur les hauteurs du splendide village de Soglio. Ce palais sert d'hôtel depuis 1876. Première maison de la place, il appartient à la famille Salis depuis cette date. Le souci du respect de la tradition confère à ces lieux une atmosphère unique. On ne dort pas seulement dans un hôtel historique, mais au cœur d'un témoin du patrimoine culturel. L'imposante demeure érigée en 1701 est luxueusement décorée comme une maison de maître, avec des meubles anciens, des tableaux, des armes diverses et des trophées de chasse. Derrière la maison, le jardin baroque est remarquable. Entretenu avec grand soin, il a obtenu le Prix Schulthess des jardins en 2009.

58

HOTEL BREGAGLIA

PROMONTOGNO, GR

T: 081 822 17 77
hotelbregaglia@hotmail.com
30 Zimmer
DZ CHF 128.– bis 156.–
Erbaut 1877: Giovanni Sottovia

AUS DER ZEIT GEFALLEN

Auf einer markanten Geländestufe im Tal thront der zweiflüglige Hotelpalast mit dem zentralen Turm in der Mitte. Eröffnet wurde das Hotel Bregaglia 1877 als standesgemässes Etappenziel für die wohlhabenden Reisenden auf dem Weg ins Engadin. Wie manch anderes Haus geriet es durch die Beschleunigung des Tourismus immer mehr ins Abseits. Das Haus hat die widrigen Zeiten überdauert und wird heute pragmatisch weitergeführt: Investiert wird nur, was nötig ist. So blieb das historische Ensemble mit seinen hohen Räumen und grosszügigen Sälen samt Einrichtung bis in die Gegenwart weitgehend erhalten. Das bedeutet aber auch: Modernster Komfort darf nicht erwartet werden, dafür ein einmaliges Ambiente, das in vergangene Zeiten eintauchen lässt.

UN PALAIS HORS DU TEMPS

Accroché à la forte pente de la vallée, le palais s'élève de part et d'autre de sa grande tour. Cet hôtel, ouvert en 1877, servait d'étape chic aux voyageurs fortunés qui se rendaient en Engadine. Comme d'autres maisons, l'établissement s'est retrouvé en marge du développement touristique. Il a néanmoins survécu aux heures difficiles et il est aujourd'hui géré avec pragmatisme. Seuls les investissements indispensables sont consentis. Ce bâtiment ancien a donc été largement préservé avec ses hauts plafonds, ses salles généreuses et ses aménagements. Autant dire qu'il ne faut pas attendre un confort dernier cri à l'Hôtel Bregaglia. Mais plutôt s'apprêter à remonter le temps et à se plonger dans une atmosphère incomparable.

59

HOTEL ALBRICI

POSCHIAVO, GR

T: 081 884 01 73 / www.hotelalbrici.ch
10 Zimmer
DZ CHF 190.– bis 210.–
Erbaut 1682

AUF DEN SPUREN DES DEUTSCH-ITALIENISCHEN ADELS

Das Wappen der Familie Massella, die das edle Patrizierhaus an prestigeträchtiger Lage im 17. Jahrhundert erbauen liess, ziert noch immer die Fassade zum Dorfplatz. Mitte 18. Jahrhundert wurde das Haus zum Zentrum für die Anhänger des Illuminati-Ordens, der die Ideen der Aufklärung förderte. In der 1780 installierten hauseigenen Druckerei wurde die erste italienische Übersetzung von Goethes «Werther» gedruckt, und 1848 eröffnete die Familie Albrici im Palazzo das erste Hotel in Poschiavo. Man fühlt sich bis heute privilegiert, in den mit antiken Möbeln eingerichteten Gästezimmern zu nächtigen. Einzigartig ist zudem der bis heute erhaltene Sibyllensaal im ersten Obergeschoss.

SUR LES TRACES DE LA NOBLESSE ITALO-ALLEMANDE

Au 17e siècle, la famille Massella a choisi un emplacement prestigieux pour cette maison patricienne. Ses armoiries ornent toujours la façade qui donne sur la place du village. Au milieu du 18e siècle, cet édifice était le centre des adeptes de l'ordre des Illuminati qui se consacrait à diffusion de la philosophie des Lumières. En 1780, la première traduction italienne du «Werther» de Goethe est sortie de l'imprimerie installée dans le bâtiment. La famille Albrici y a ouvert en 1848 le premier hôtel de Poschiavo. Aujourd'hui encore, les hôtes ont le privilège d'occuper des chambres meublées d'antiquités. Bon à savoir: au premier étage, la salle des Sybilles, conservée dans son état d'orgine, est exceptionnelle.

60

STAZIONE DELLA POSTA

LA RÖSA, VALPOSCHIAVO, GR

T: 081 832 60 51 / www.larosa.ch
Stazione della Posta: 8 Zimmer
DZ CHF 260.– / Abendessen CHF 55.– pro Person
Erbaut im 17. Jahrhundert

CHF CHF CHF

ZWISCHENHALT AM BERNINAPASS

Während Jahrhunderten zogen Säumer mit ihren schwer beladenen Tieren über den Berninapass. Ab dem Bau der neuen Passstrasse 1865 machte in La Rösa auch die Postkutsche halt. Das Geschäft blühte bis zur Eröffnung der Bahnlinie um 1910. Die noch heute gut befahrene Passstrasse führt direkt an den sorgfältig renovierten Bauten vorbei. Gekocht wird auf dem originalen Holzherd, gegessen in historischen Stuben, und geschlafen wird auf eigens im Tal hergestellten Rosshaarmatratzen. Wunderschön sind die von der Tessitura di Valposchiavo gefertigten Bettüberwürfe. Das Albergo La Rösa gegenüber gehört zum gleichen Betrieb und bietet einfache Gästezimmer zu einem sehr guten Preis-Leistungsverhältnis.

UNE ÉTAPE AU COL DE LA BERNINA

Des siècles durant, les muletiers ont franchi le col de la Bernina avec leurs bêtes lourdement chargées. Lorsqu'en 1865 la nouvelle route du col a été aménagée, La Rösa est devenue un relais de poste. Les affaires ont été florissantes jusqu'à l'ouverture de la ligne de chemin de fer, en 1910. La route passe aujourd'hui encore devant les bâtiments de La Posta rénovés avec le plus grand soin. Les mets sont cuits sur le poêle à bois d'origine et les repas pris dans les salles historiques. L'on dort sur des matelas en crin de cheval confectionnés tout spécialement dans la vallée et de superbes jetés tissés par la filature Tessitura di Valposchiavo ornent les lits. En face, l'Albergo La Rösa, exploitée par les mêmes hôteliers, propose des chambres simples d'un très bon rapport qualité/prix.

61

HOTEL DONATZ

SAMEDAN, GR

T: 081 852 46 66 / www.hoteldonatz.ch
25 Zimmer / DZ CHF 195.– bis 375.–
Erbaut 1930: Bisaz und Könz
Renovation 2012: Mierta und Kurt Lazzarini

CHF CHF

OBERENGADIN URBAN

Im stimmungsvollen Dorfkern von Samedan fällt das «Donatz» sofort auf. Die vor wenigen Jahren vorgenommene Renovation akzentuiert die Stärken des städtisch wirkenden Baus. Während die Gestaltung des Restaurants auf typische Engadiner Formensprache anspielt, beschränkt sich der Lokalkolorit in den schlicht eingerichteten Zimmern auf die Materialisierung. Der Familienbetrieb bietet ein ausgezeichnetes Preis-Leistungsverhältnis. Feinschmeckern seien Halbpension-Arrangements empfohlen. Sollte es im sonnenverwöhnten Tal einmal regnen, so ist der Weg zum von Miller & Maranta gestalteten Mineralbad & Spa nicht weit. Ab der zweiten Übernachtung ist der Eintritt inbegriffen.

TOUCHE URBAINE EN HAUTE-ENGADINE

Le Donatz ne passe pas inaperçu au centre du charmant village de Samedan. La rénovation menée il y a quelques années a accentué les lignes de cette construction d'aspect urbain. Alors que la décoration du restaurant fait référence aux formes traditionnelles de l'Engadine, la couleur locale se limite aux matériaux utilisés dans les chambres sobrement aménagées. Cet hôtel familial offre un excellent rapport qualité/prix. Aux gourmets, on recommandera l'hébergement en demi-pension. S'il doit pleuvoir un jour dans cette vallée favorisée par le soleil, l'établissement de bains et spa dessiné par Miller & Maranta n'est pas loin. Et l'entrée est comprise dans le prix de la chambre dès la seconde nuit.

62

HOTEL CASTELL

ZUOZ, GR

T: 081 851 52 53 / www.hotelcastell.ch
68 Zimmer / DZ CHF 230.– bis 525.–
Erbaut 1912: Nicolaus Hartmann jun.,
Renovation und Umbau 2004: UNStudio,
Hans-Jörg Ruch

CHF CHF CHF

UNSTUDIO UND BÜNDNER HEIMATSTIL

An aussichtsreicher Lage in der Weite des Oberengadins wurde das «Castell» im Bündner Heimatstil erbaut. Einst Stammhotel des europäischen Hochadels, hat sich das Haus in den letzten zehn Jahren einen Namen bei Kunst- und Architekturfreunden gemacht. Es wartet mit einem eigenen Studiokino, einem Hamam, einem «Art Shop» und vielen hochkarätigen zeitgenössischen Kunstinstallationen auf. Die schwingende Holzterrasse samt Felsenbad wurde vom japanischen Künstler Tadashi Kawamata gestaltet, und UNStudio brachte urbanen Wind in die eine Hälfte der Zimmer. Die andere Hälfte wurde vom Engadiner Architekten Hans-Jörg Ruch aufgefrischt. Für Gäste aller Altersstufen werden attraktive Spezialwochen angeboten.

«UNSTUDIO» ET HEIMATSTIL GRISON

Bénéficiant d'une vue exceptionnelle aux confins de la Haute-Engadine, le Castell est un bel exemple de Heimastil grison. Jadis point de ralliement de la noblesse européenne, l'hôtel s'est fait un nom au cours de la dernière décennie auprès des amateurs d'art et d'architecture. Il dispose de sa propre salle de cinéma, d'un hammam, d'une boutique d'art et présente de nombreuses installations contemporaines de haut niveau. La terrasse suspendue en bois intégrant une piscine naturelle a été conçue par l'artiste japonais Tadashi Kawamata. Dans une partie des chambres, le bureau UNStudio, à Amsterdam, fait souffler une brise urbaine. Les autres ont été rénovées par l'architecte local Hans-Jörg Ruch. Des semaines spéciales sont proposées aux hôtes de tous âges.

63

VILLA FLOR

S-CHANF, GR

T: 081 851 22 30
www.villaflor.ch
7 Zimmer / DZ CHF 220.– bis 410.–
Erbaut 1904

CHF CHF CHF

HAUSTRAUM EINER ENGADINER SCHWALBE

«Randolinas Engiadinaisas» werden Auswanderer genannt, die aufgrund ihrer finanziellen Lage die Heimat verlassen mussten, um anderswo ihr Glück zu suchen. Die Cloettas flogen Ende 19. Jahrhundert nach Parma aus und kehrten wohlhabend ins Engadin zurück. Sie liessen ihr Traumhaus bauen und statteten es im damals modernen Jugendstil aus. 2009 wurde das Gebäude mit Sorgfalt restauriert und zu einem kleinen, bezaubernden Hotel umgebaut. Grosszügige Baderäume und die kunstvolle Einrichtung setzen starke Akzente. Das getäferte Frühstückszimmer, der Salon und die Bibliothek mit den Malereien aus der Entstehungszeit laden zum Verweilen. Von der Dachterrasse aus geniesst man den Ausblick auf den Inn.

UN NID DE RÊVE POUR UNE HIRONDELLE ENGADINOISE

Les émigrants qui devaient quitter leur patrie en raison de leur situation financière précaire pour tenter leur chance ailleurs étaient appelés «Randolinas Engiadinaisas», ou hirondelles engadinoises. A la fin du 19e siècle, la famille Cloettas s'en alla à Parme et revint en Engadine fortune faite. Elle se fit bâtir une maison de rêve d'inspiration Jugenstil alors en vogue. Le bâtiment a été rénové avec soin en 2009 et transformé en un petit hôtel de charme. Les visiteurs apprécieront les salles de bain aux belles proportions et l'aménagement raffiné. La salle du petit-déjeuner lambrissée, le salon et la bibliothèque ornée de peintures datant de la construction invitent au repos. La terrasse du toit offre une belle vue sur l'Inn.

64

KURHAUS

BERGÜN, GR

T: 081 407 22 22 / www.kurhausberguen.ch
62 Zimmer / DZ CHF 140.– bis 200.–
Erbaut 1906: Jost Franz Huwyler-Boller

GRANDIOSER JUGENDSTILPALAST IM ALBULATAL

Wer das Jugendstil-Foyer einmal betreten hat, kommt von diesem Haus so schnell nicht wieder los. Hinter jeder Flügeltür warten neue Überraschungen: ein stilvolles Restaurant mit kreativer Küche, der «Damensalon» mit Kinderbibliothek oder der einzigartige Speisesaal mit rosenverziertem Deckenhimmel. Als Grandhotel mit der Albula-Bahnlinie geplant, war dem Kurhaus nicht der erhoffte Erfolg beschieden. Nach einer längeren Nutzung durch den Verein für Familienherbergen wurde 2002 von langjährigen Stammgästen die Kurhaus Bergün AG gegründet, die das renovationsbedürftige Gebäude übernahm und mit grösster Sorgfalt renovierte. Neben Hotelzimmern werden auch Ferienwohnungen angeboten.

UN HÔTEL JUGENDSTIL DANS LA VALLÉE DE L'ALBULA

Il suffit de pénétrer dans le foyer Jugendstil du Kurhaus pour que déjà la maison laisse une impression quasi inoubliable. Derrière chaque battant de porte se dévoilent de nouvelles surprises: un restaurant de style qui propose une cuisine créative, le «salon des dames», doté d'une bibliothèque pour les enfants, ou encore une salle à manger exceptionnelle, dont le plafond est orné de roses. Construit parallèlement à l'ouverture de la ligne de l'Albula, cet hôtel de luxe n'a pas rencontré le succès espéré. Il a été exploité dès 1952 par l'association des auberges familiales (Schweizerischer Verein für Familienherbergen). Cinquante ans plus tard, un groupe de clients fidèles a fondé une société anonyme afin de reprendre l'hôtel et de le restaurer entièrement. Bon à savoir: l'établissement propose également des appartements de vacances.

65

HOTEL CHASA CHALAVAINA

MÜSTAIR, GR

T: 081 858 54 68 / www.chalavaina.ch
15 Zimmer / DZ CHF 140.– bis 210.–
Erbaut vor 1300, Renovation 1965: Iachen Ulrich Könz, Umbau 1981: Marcus Burkardt

GELEBTE GESCHICHTE IM MÜNSTERTAL

Unmittelbar neben dem Benediktinerinnenkloster St. Johann ist ein über 700 jähriges Baudenkmal zu entdecken. Eines der ältesten Bündner Sgraffiti schmückt das typische Engadinerhaus. Im ältesten noch funktionsfähigen Holzbackofen Europas wurde einst das typische Roggenbrot gebacken, das noch heute in der Chasa Chalavaina serviert wird. Gekocht und auch geschlafen wurde am offenen Feuer in der «schwarzen Küche». Die Familie Fasser betreibt dieses aussergewöhnliche Hotel seit gut 50 Jahren. In der Arvenstube zeugen Wappen von früheren Besitzerfamilien. Die Zimmer tragen Namen wie «la Somnambula» oder «la Rosaria».

HISTOIRE VIVANTE DANS LE MÜNSTERTAL

A proximité immédiate du couvent de bénédictines St-Johann, on peut découvrir un monument datant d'il y a plus de 700 ans. Cette demeure typique de l'Engadine est décorée de l'un des plus vieux «Sgraffiti» des Grisons. Dans ce qui est aujourd'hui le plus ancien four à pain encore en fonction en Europe, on cuit depuis toujours le «Roggenbrot», ce pain de seigle typique qui est servi dans la Chasa Chalavaina. Les habitants ne se contentaient pas de préparer les repas dans la cuisine noircie par la suie mais ils y dormaient aussi. La famille Fasser exploite cet hôtel extraordinaire depuis cinq décennies. Et les dynasties de propriétaires qui l'ont précédée ont laissé leurs armoiries dans la salle en arolle. Quant aux chambres, elles portent des noms comme «la Somnambula» ou «la Rosaria».

66

BERGHOTEL SCHATZALP

DAVOS, GR

T: 081 415 51 51 / www.schatzalp.ch
92 Zimmer / DZ CHF 230.– bis 590.–
Erbaut 1900: Otto Pfleghard und Max Haefeli

SONNENVERWÖHNTES EHEMALIGES LUXUSSANATORIUM

Der geschäftstüchtige Holländer Willem Jan Holsboer beauftragte um die Jahrhundertwende die beiden jungen Zürcher Architekten Pfleghard und Haefeli mit dem Bau eines Sanatoriums für Tuberkulosekranke. Auf der Sonnenterrasse oberhalb des Höhenkurorts Davos wurde ein symmetrisches Gebäude erbaut, dessen Repräsentationsräume mit Schmuckelementen im Jugendstil überraschen. Flachdach, Eisenbetonkonstruktion, elektrische Beleuchtung sowie Bodenheizung markieren den Beginn eines neuen Zeitalters und weisen den Weg in die Moderne. In den 1950er-Jahren wurde das architektonische Meisterwerk in ein vornehmes Hotel umgewandelt. Viele gut erhaltene Details und das wieder hergestellte «Alpinum» erfreuen auch heute die Gäste.

UN ANCIEN SANATORIUM DE LUXE CHOYÉ PAR LE SOLEIL

Le Hollandais Willem Jan Holsboer, qui avait fait fortune dans les affaires, avait confié aux deux jeunes architectes zurichois Otto Pfleghard et Max Haefeli la construction d'un sanatorium pour les tuberculeux. Un bâtiment symétrique fut édifié sur le plateau ensoleillé qui domine le haut lieu de cure qu'était alors Davos. Les salles d'apparat étonnent par leur décoration Jugendstil. Avec son toit plat, sa construction en béton armé, son éclairage électrique et son chauffage au sol, cette réalisation ouvrait une nouvelle ère et préfigurait le Mouvement moderne. Dans les années 50, ce chef-d'œuvre architectural a été transformé en hôtel chic. Aujourd'hui, les hôtes peuvent admirer de nombreux détails soigneusement préservés et le jardin botanique qui a été recréé.

67

HOTEL PIZ LINARD

LAVIN, GR

T: 081 862 26 26 / www.pizlinard.ch
22 Zimmer
DZ CHF 260.– bis 440.– inkl. 4 Gang Abendessen
Erbaut 1870

EIN ROSA KULTURPALAZZO IM UNTERENGADIN

Untypisch für das Engadin überrascht das Dorf Lavin mit italienisch anmutenden Häusern. Der Dorfbrand von 1869 zerstörte einen Grossteil der Gebäude. Beim Wiederaufbau achtete man rigoros auf Strassenbreiten, Gebäudeabstände und Bedachungen. Das «Piz Linard» am Dorfplatz geht seit 2007 neue Wege. In Zusammenarbeit mit bekannten Schweizer Künstlern und Gestaltern wurden die Zimmer individuell ausgestattet. Die Kulturagenda bietet Platz für Anlässe vom Dorfkino bis zum Blumenfest. Im Arvensaal von 1926 wird wieder exzellent gespeist, und die 2013 im Gewölbe eröffnete Bibliothek lädt zu allerlei Entdeckungen ein.

EN BASSE ENGADINE, UN PALAIS DE LA CULTURE PARÉ DE ROSE

Le village de Lavin en Engadine surprend par ses maisons à l'italienne, qui lui confèrent un caractère insolite. L'incendie qui a ravagé la localité en 1869 a détruit la plupart des bâtiments. Lors de la reconstruction, des prescriptions strictes portant sur la largeur des rues, sur les espaces entre les bâtiments et sur les toits ont dû être respectées. Le «Piz Linard», sur la place du village, a pris un nouveau départ en 2007. Les chambres ont été personnalisées en collaboration avec des artistes et des créateurs. L'agenda culturel va du cinéma local à la fête des fleurs. Les repas servis dans la salle en bois d'arolle de 1926 sont excellents et la bibliothèque ouverte en 2013 sous la voûte invite à toutes sortes de découvertes.

68

PENSIUN ALDIER

SENT, GR

T: 081 860 30 00
www.aldier.ch
16 Zimmer
DZ CHF 270.– bis 370.–
Erbaut 1865, Umbau 2012: Duri Vital

KUNST, BUCH UND SEIDENSCHALE

Der Name der «Pensiun» in Sent ist als Hommage an «Al»berto und «Di»ego Giacometti sowie «Er»nst Scheidegger zu verstehen. Im Kellergewölbe des ehemaligen Hotel Rezia wird nun eine grosse Sammlung des grafischen Werks von Alberto Giacometti präsentiert. Im Frühstücksraum darf man in einer grossen Bibliothek mit Büchern aus Schweizer Verlagen schmökern. Originalgrafiken von Le Corbusier, Eduardo Chillida und anderen bekannten Künstlern zieren die unterschiedlichen Zimmer. Elegante Seidenschale sind zu erwerben – und wer sich ob so viel Perfektion erschlagen fühlt, kann sich an der Aussicht auf die wilde Bergwelt weiden oder in den lauschigen Garten flüchten.

ART, LITTÉRATURE ET FOULARDS EN SOIE

Le nom de la Pensiun Aldier à Sent est un hommage à «Al»berto et «Di»ego Giacometti ainsi qu'à «Er»nst Scheidegger. Une vaste collection consacrée à l'œuvre graphique d'Alberto Giacometti est présentée sous la voûte de la cave de l'ancien hôtel Rezia. Dans la salle du petit-déjeuner, on peut fureter dans une grande bibliothèque rassemblant des ouvrages d'éditeurs suisses. Des originaux de Le Corbusier, d'Eduardo Chillida et d'autres artistes connus décorent les chambres qui sont toutes différentes. D'élégants foulards en soie sont en vente – et celui qui se sent troublé par tant de perfection peut orienter son regard vers les montagnes sauvages ou se retirer dans le discret jardin.

69

OSPIZIO SAN GOTTARDO

PASSO SAN GOTTARDO, TI

T: 091 869 12 35
www.passosangottardo.ch
14 Zimmer / DZ CHF 200.–
Erbaut 1237 / 1623
Umbau und Erweiterung 2010: Miller & Maranta

CHF CHF

GESCHICHTSTRÄCHTIGER ZUFLUCHTSORT

Die Architekten Miller & Maranta beziehen sich in ihrem Konzept des «Weiterbauens» auf die traditionelle Mischbauweise um 1700. Die Überreste der historischen Substanz wurden mit zusätzlichen Elementen ergänzt und aufgestockt, die Kapelle dem neuen Bauvolumen unter dem markanten steilen Dach einverleibt. Das Resultat wirkt wie natürlich gewachsen und bietet einen Hort der Geborgenheit in schroffer Umgebung. Kostbaren Schatullen gleich duften die sorgsam gefertigten Zimmer nach frischem Holz, die Einrichtung ist schlicht und von höchster Qualität. Das Gotthardhospiz wurde mit dem Label des Europäischen Kulturerbes ausgezeichnet. Tipp: Besuch der unterirdischen Bergfestung «Sasso San Gottardo».

UN REFUGE CHARGÉ D'HISTOIRE

Dans leur projet d'«extension», les architectes Miller & Maranta se réfèrent à la tradition de la construction mixte aux alentours de 1700. Les reliquats de la substance historique ont été complétés par des éléments supplémentaires et surélevés. La chapelle a été intégrée au nouveau volume sous un imposant toit à pente très prononcée. Le résultat est harmonieux et offre un havre de paix dans un environnement rude. Tels de précieux écrins, les chambres, réalisées avec soin, embaument le bois frais. Les aménagements sont sobres et d'excellente qualité. L'hospice du Gothard a obtenu le label «Patrimoine européen». Bon à savoir: le fort souterrain «Sasso San Gottardo» peut être visité.

70

CASA LUCOMAGNO

OLIVONE, TI

T: 091 872 16 03 / www.casalucomagno.ch
3 Zimmer + 3 Ferienwohnungen / DZ CHF 130.–
Erbaut 1894

«VACANZE IN VILLA» IM BLENIOTAL

Das stattliche Gebäude vis-à-vis von Schulhaus und Kirche wurde Ende des 19. Jahrhunderts von den Brüdern Bruni als Ferienresidenz erbaut. Studenten der Mailänder Kunstakademie, die bei Brunis zu Gast waren, vergalten die Kosten ihres Aufenthalts mit kunstvollen Wand- und Deckenmalereien. Die Gastgeber Pia Steiner und Werner Birnstiel schreiben die Tradition der aktiven gestalterischen Tätigkeit im Haus mit Kursangeboten und einem Atelier fort. Nach der kürzlich erfolgten Fassadenrenovation erstrahlt das Gebäude in neuer Pracht und macht in seiner Farbigkeit der opulenten Vegetation alle Ehre. Je drei stimmungsvolle Zimmer und Ferienwohnungen laden zum Aufenthalt. Haus und Garten sind rollstuhlgängig.

«VACANZE IN VILLA» DANS LE VAL BLÉNIO

Juste en face de l'école et de l'église, cette bâtisse cossue de la fin du 19e siècle servait de résidence d'été aux frères Bruni. On doit les fresques murales et des plafonds à des élèves de l'Académie des arts de Milan qui payaient en nature la note de leur séjour chez les Bruni. Les hôteliers, Pia Steiner et le créateur textile Werner Birnstiel, poursuivent la tradition de création active de la maison: l'artiste y a installé son atelier et des cours y sont organisés. La rénovation de la façade confère un éclat nouveau au bâtiment, dont la couleur fait honneur à la luxuriante végétation. Trois chambres d'hôtes et trois appartements de vacances invitent à séjourner dans la Casa Lucomagno. La maison et le jardin sont accessibles aux personnes en chaise roulante.

71

LOCANDA DAZIO GRANDE

RODI-FIESSO, TI

T: 091 874 60 60
www.locandadaziogrande.ch
6 Zimmer / DZ CHF 135.– bis 155.–
Erbaut 1561, Anbau 1840, Restauration und Umbau 1998: Marco Krähenbühl

CHF

INNEHALTEN IN DER LEVENTINA

Wo heute Tonnen von Gütern pro Sekunde die Nord-Süd-Achse des Gotthards passieren, steht der Dazio Grande als Zeuge des Langsamverkehrs. Bis zur Eröffnung der Gotthardbahn 1882 diente das markante Haus während gut drei Jahrhunderten als Zollgebäude, Pferdewechselstelle und Herberge. Die Stiftung Dazio Grande liess die Baute sorgfältig renovieren und eröffnete darin einen Gast- und Kulturbetrieb. In der getäferten «sala stella» oder der mit Fresken verzierten «sala urana» lässt es sich stimmungsvoll speisen. Auch der Brotbackofen aus dem 18. Jahrhundert wurde wieder funktionstüchtig gemacht. Die Locanda ist der perfekte Ausgangspunkt, um die Piottino-Schlucht am Urnerweg zu erkunden.

UNE HALTE EN LEVENTINE

Témoin d'une époque où les déplacements étaient lents et difficiles, le Dazio Grande s'élève sur l'axe nord-sud du Gothard, là où aujourd'hui des tonnes de marchandises passent chaque seconde. Jusqu'à l'ouverture de la ligne de chemin de fer en 1882, ce bâtiment massif avait servi de douane, de relais de chevaux et d'auberge durant trois siècles. La fondation Dazio Grande a fait rénover méticuleusement l'édifice et y a ouvert une auberge et un centre culturel. On peut se restaurer dans l'ambiance particulière de la sala stella lambrissée ou de la sala urana décorée de fresques. Le four à pain du 18e siècle a aussi été remis en état. La Locanda constitue une base de départ idéale pour découvrir les gorges du Piottino le long de la voie uranaise.

72

HOTEL GARNI CASA MARTINELLI

MAGGIA, TI

T: 091 760 90 51
www.casa-martinelli.ch
10 Zimmer / DZ CHF 160.– bis 240.–
Erbaut im 17. Jh.
Renovation und Umbau 2011: Luigi Snozzi

CHF CHF

ARCHITEKTONISCHE ÜBERRASCHUNG IM MAGGIATAL

Die Sonnenuhr an der Fassade der ehrwürdigen Casa Martinelli sei nicht ganz präzise. Pünktlichkeit spielt hier wohl meist eine untergeordnete Rolle: im weitläufigen Garten, der sich dem Fluss Salto entlangzieht, lässt es sich wunderbar ausspannen. Die Gastgeberin wagte einen Neuanfang südlich der Alpen und konnte keinen Geringeren als Luigi Snozzi für ihr Hotelprojekt ins Boot holen. Das baufällige Haus wurde sorgfältig renoviert, und anstelle des Stalles entstand ein Zimmertrakt aus schlichtem Sichtbeton. Die Holzbalken des abgebrochenen Teils wurden zu Tischen verarbeitet. Der Frühstücksraum wartet mit Fresken auf, und im Kellergewölbe dürfen sich die Gäste an lokalen Spezialitäten bedienen.

SURPRISE ARCHITECTURALE DANS LE VAL MAGGIA

Le cadran solaire sur la façade de la vénérable Casa Martinelli n'est pas d'une précision parfaite. Mais ici la ponctualité ne joue le plus souvent qu'un rôle très accessoire car le vaste jardin qui s'étire le long du fleuve Salto est un lieu de repos idéal. L'hôtesse s'est lancée à l'aventure au sud des Alpes: pour son projet d'hôtel, elle ne s'est pas adressée au premier architecte venu en faisant appel à Luigi Snozzi. La bâtisse qui tombait en ruine a été rénovée avec soin. L'aile des chambres, en béton apparent, a remplacé l'écurie dont les poutres ont été reconverties en tables. La salle du petit-déjeuner est décorée de fresques et, sous la voûte de la cave, les clients peuvent faire leur choix parmi les spécialités locales.

73

ALBERGO CENTOVALLI

PONTE BROLLA, TI

T: 091 796 14 44 / www.ristorante-centovalli.ch
12 Zimmer / DZ CHF 155.– bis 210.–
Erbaut 1907, erweitert 1995

FAMILIENBETRIEB MIT ÜBERREGIONALER AUSSTRAHLUNG

Wenn die Lokalbevölkerung von einem Restaurant schwärmt, ist das meist ein gutes Zeichen. Eine frühe Reservation ist deshalb unumgänglich, wenn man gerne im beliebten Albergo Centovalli speisen oder übernachten möchte. Das markante rosafarbene Haus erhebt sich vor einer prächtigen Naturkulisse. Es wurde von geschäftstüchtigen Unternehmern gleichzeitig mit der Centovalli-Bahn an strategisch günstiger Lage in der Talgabelung von Maggiatal und Centovalli gebaut. Die Familie Gobbi führt das gepflegte Haus in Bahnhofnähe bereits in dritter Generation. Beim Bau der Erweiterung Mitte der 1990er Jahre entschied sie sich für eine moderne Architektursprache, die sich klar vom historischen Teil absetzt.

ENTREPRISE FAMILIALE ET RAYONNEMENT ÉTENDU

Lorsque la population locale se presse dans un restaurant, c'est bon signe en général. Il est donc indispensable de réserver à temps si l'on veut manger ou passer la nuit dans la très courue Albergo Centovalli. Ce bâtiment aux façades roses caractéristiques s'élève dans un somptueux cadre naturel. Il a été édifié par des entrepreneurs bien inspirés lors de la construction du chemin de fer des Centovalli dans un lieu stratégique, au confluent du val Maggia et des Centovalli. Depuis trois générations, la famille Gobbi exploite cette maison élégante située à proximité de la gare. Au moment de bâtir une aile nouvelle au milieu des années 90, elle a opté pour une architecture moderne qui se distingue clairement de la partie historique.

74

VILLA NOVECENTO

LOCARNO, TI

T: 091 743 45 93 / www.novecento.ch
6 Zimmer / DZ CHF 160.– bis 190.–
Erbaut 1890

CHF CHF

LOCARNO ABSEITS DER TOURISTENSTRÖME

Nur einen kurzen Fussmarsch vom Bahnhof entfernt grüsst eine Mariennische neben dem pflanzenumrankten Eingangstor die Passanten mit «Ave Maria». Eine Bruchsteinmauer fasst die üppige Vegetation rund um eine ockerfarbene, mit viel Feingefühl renovierte Villa. Der einladende Garten konnte durch den kürzlichen Erwerb des Nachbargrundstücks zu mehr als doppelter Fläche vergrössert werden. Die Gastgeber legen grossen Wert auf ein durchdachtes, ökologisches Konzept in Betriebsführung, Küche und baulichen Eingriffen. Die Gästezimmer bestechen mit hochwertiger Materialisierung, schlichter Einrichtung und natürlichen Farbtönen. Das viel gelobte Frühstück sorgt für einen optimalen Start in den Tag.

A LOCARNO HORS DES SENTIERS BATTUS

A quelques minutes à pied de la gare, les visiteurs sont accueillis par une niche consacrée à Marie, à côté du portail entouré de plantes. Un mur en pierre de taille retient la végétation luxuriante qui ceint la villa aux murs ocre, rénovée avec finesse. L'accueillant jardin a plus que doublé de surface récemment, grâce à l'achat d'un terrain attenant par les hôteliers qui poursuivent une approche écologique globale dans la gestion de l'établissement: cuisine biologique et respect des règles de l'éco-construction sont de rigueur. Les chambres éblouissent par la qualité des matériaux, l'aménagement tout en simplicité et les couleurs aux tons naturels. Le buffet du petit-déjeuner recueille tous les suffrages et donne un bel élan pour se lancer dans la journée.

75

PALAZZO GAMBONI

COMOLOGNO, TI

T: 091 780 60 09
www.palazzogamboni.ch
5 Zimmer
DZ CHF 230.– bis 285.–
Erbaut um 1730, renoviert und erweitert 2001

FASZINIERENDES ONSERNONETAL

Eine atemberaubende Strasse schlängelt sich dem steilen Südhang entlang durchs Onsernonetal. Dörfer wie Comologno überraschen mit herrschaftlichen Bauten. Remigio Gamboni del Tabido war durch Handelsgeschäfte in Frankreich zu Wohlstand gelangt und liess sich das stattliche Anwesen nach einem französischen Entwurf erbauen. 1998 konnte die Bürgergemeinde den Palazzo samt der historischen Einrichtung erwerben. Nach der Renovation sind die wunderbaren Originalräume als Hotel öffentlich zugänglich. Das Frühstück wird im Salon oder in der antiken Küche serviert, zum Mittag- und Abendessen lädt die benachbarte Osteria al Palazign. Tipp: Reservieren Sie eines der zwei historischen Gästezimmer.

FASCINANT VAL ORSENONE

Une route vertigineuse serpente le long du versant sud du val Orsenone. Des villages comme Comologno abritent de surprenantes demeures seigneuriales. Remigio Gamboni del Tabido avait prospéré dans le commerce en France et s'était fait construire un édifice majestueux dans le style français. En 1998, la commune bourgeoisiale a pu acquérir le palazzo et ses aménagements historiques. Les magnifiques pièces originales sont désormais accessibles après la rénovation et la transformation en hôtel. Le petit déjeuner est servi dans le salon ou dans la cuisine ancienne. Pour le déjeuner et le dîner, on peut se rendre à l'Osteria al Palazign toute proche. Un conseil: à la réservation, demandez l'une des deux chambres historiques.

76

ALBERGO MONTE VERITÀ

ASCONA, TI

T: 091 785 40 40 / www.monteverita.org
22 Zimmer im Bauhaus-Hotel
DZ CHF 210.– bis 230.–
Erbaut 1929: Emil Fahrenkamp
Renovation 2011: Bruno Reichlin, Gabriele Geronzi und Danilo Soldati

REFORMIDEEN, WISSENSCHAFT UND KUNST

Eine Gruppe von Vegetariern und Freidenkern zog um 1900 auf den Monte Verità, und schon bald wurde die Kolonie zum Treffpunkt von Künstlern und Persönlichkeiten aus Politik und Kultur. Der Privatbankier und Kunstsammler Eduard von der Heydt erwarb in den 1920er Jahren das Gelände, liess das Bauhaus-Hotel erstellen und vererbte die ganze Anlage 1964 dem Kanton. Die Stiftung Monte Verità betreibt Hotel, Kongresszentrum und den Museumskomplex, der die reiche Geschichte des Ortes vorstellt. Harald Szeemanns Ausstellung «Le mammelle della verità» von 1982 wurde sorgfältig rekonstruiert. Grandios sind auch die historische Parkanlage, das japanische Teehaus und die Aussicht auf den Langensee.

LABORATOIRE DES IDÉES, DE LA SCIENCE ET DE L'ART

Un groupe de végétariens et de libres penseurs s'est installé sur le Monte Verità vers 1900. Très vite, le lieu a attiré des artistes et personnalités de la politique et du monde culturel. Le banquier privé et collectionneur d'art Eduard von der Heydt a acquis le terrain dans les années 1920 et y a fait ériger un hôtel de style Bauhaus qu'il a légué en 1964 au Canton du Tessin. La fondation Monte Verità exploite l'hôtel, le centre de congrès et l'ensemble muséal qui présente la riche histoire du site. L'exposition d'Harald Szeemann «Le mammelle della verità» a été soigneusement reconstituée. Le parc historique, la maison du thé et la vue sur le lac Majeur sont tout simplement grandioses.

77

CASA SANTO STEFANO

MIGLIEGLIA, TI

T: 091 609 19 35 / www.casa-santo-stefano.ch
15 Zimmer / DZ CHF 150.– bis 180.–
Erbaut im 17. Jahrhundert

AUSSPANNEN IM MALCANTONE

Frisch gebackenes Brot und hausgemachte Konfitüren erwarten die Gäste zum Frühstück an grossen urchigen Holztischen. Seit 1995 führt das engagierte Gastgeberpaar den Gastbetrieb in zwei baubiologisch renovierten Häusern mitten im Dorf. Die «Casa Uva», ein ehemaliges Doktorhaus, und die «Casa Erbe», ehemals mit Bäckerei und Osteria, bieten sowohl Platz für Individualgäste als auch für Gruppen. Offene Kamine, eine Pergola mit Aussicht aufs Tal und viele charmante Nischen bieten auch ausserhalb der schlicht und liebevoll möblierten Zimmer Platz zum Verweilen. Zum Mittag- und Abendessen erkundet man die 30 Osterie und Grotti in der Nähe, oder man kocht selbst in einer der zwei grossen Küchen.

FARNIENTE DANS LE MALCANTONE

Du pain tout juste sorti du four et des confitures maison attendent les hôtes pour un petit-déjeuner servi sur de grandes et authentiques tables en bois. Un couple gère depuis 1995 cet établissement constitué de deux maisons rénovées dans le respect des principes de l'éco-construction au cœur du village. La Casa Uva était la maison d'un médecin et la Casa Erbe une boulangerie et une osteria. Elles disposent d'espaces pour les clients individuels et pour les groupes. Une cheminée, une pergola couverte de vigne donnant sur la vallée et de nombreuses et charmantes niches invitent à la détente. Quant aux chambres, elles sont meublées avec sobriété et goût. A midi et le soir, on peut partir à la découverte des 30 osterie et grotti de la région ou se mettre soi-même aux fourneaux de l'une des deux grandes cuisines à la disposition des hôtes.

78

ALBERGO DELLA POSTA

ASTANO, TI

T: 091 608 32 65
www.albergo-posta-astano.ch
15 Zimmer / DZ CHF 150.– bis 220.–
Erbaut 18. Jh., Erweiterung 1964
Umbau 1984: Dolf Schnebli

VINTAGE UNTER PALMEN UND PINIEN

In der alten Post in Astano treffen verschiedene Baustile und Kulturen aufeinander. Sind die Besucher aus dem Norden von den Palmen im opulenten Hotelgarten fasziniert, so schätzen die Gäste aus dem Süden die gross gewachsenen Pinien. Vintage-Liebhaber kommen hier voll auf ihre Kosten: Es ist ein Glücksfall, dass prägnante Eingriffe aus mehreren Epochen noch original erhalten sind und nicht von einer gleichmacherischen Modernisierungswelle plattgewalzt wurden. Die Mischung aus historischer Grundsubstanz, 1960er Jahre-Chic und 1980er Jahre-Glamour ist einzigartig. Originalabzüge des Fotografen und ehemaligen Besitzers Eugenio Schmidhauser dokumentieren das Leben im Tessin am Anfang des 20. Jahrhunderts.

VINTAGE SOUS LES PINS ET LES PALMIERS

L'ancien bureau de poste d'Astano marie avec bonheur les styles architecturaux et les cultures. Les hôtes venus du nord seront fascinés par les palmiers d'un jardin luxuriant, ceux du sud apprécieront les grands pins et les amateurs de vintage ne seront pas déçus. Les interventions fortes des différentes époques ont heureusement gardé leur aspect d'origine et n'ont pas été touchées par une modernisation qui leur aurait ôté tout relief. Historiquement, la substance bâtie mêle de manière unique le chic des années 1960 au glamour des années 1980. Des tirages originaux du photographe et ancien propriétaire des lieux Eugenio Schmidhauser témoignent de la vie au Tessin à l'aube du 20e siècle.

BED & BREAKFAST

A

WONDERLANDSCAPE

LE GRAND-SACONNEX, GE

T: 022 788 51 11
www.wonderlandscape.com
4 chambres, Ch. double CHF 180.– à 280.–

BON PLAN À GENÈVE

Au centre du village, une ferme genevoise typique a été transformée de manière innovante, à proximité de l'aéroport et des organisations internationales. Le jardin est envoûtant et le mobilier somptueux.

B

LE CHARLOT

VEVEY, VD

T: 078 796 28 58
www.lecharlot.com
6 chambres, Ch. double CHF 129.– à 189.–

SUR LA RIVIERA VAUDOISE

Des chambres de standing sur la place principale, au cœur de la vieille-ville. Vue sur le lac ou sur un jardin. Le café Le Charlot au rez-de-chaussée, se charge de l'accueil.

C

HEIDI'S GUESTHOUSE

FRENIÈRES-SUR-BEX, VD

T: 079 471 22 10
www.guesthouse.ch
5 chambres, Ch. double CHF 96.–

LOIN DU BRUIT DE LA VILLE

Chambres d'hôtes douillettes dans une maison en pierres de 1850 rénovée. Boiseries d'époque et cuisine commune. Idéal pour faire le plein d'énergie.

D

AM PAVILLON

BERN, BE

T: 031 301 09 47
www.ampavillon.ch
9 Zimmer, DZ CHF 150.– bis 180.–

TEMPORÄRES ZUHAUSE IN BERN

Schmucke Zimmer und eine Gartenoase in einem bürgerlichen Stadthaus aus dem Jahr 1888, zwei Gehminuten vom Bahnhof entfernt. Tolle Vintage-Möbel und weitere Überraschungen.

E

TUCH & LAUBE

AARAU, AG

T: 076 335 62 68

www.tuchundlaube.ch

2 Zimmer, DZ CHF 100.– / 120.–

ENTDECKUNGEN IN AARAUS ALTSTADT

Liebevoll eingerichtete Zimmer in einem vorbildlich renovierten Altstadthaus aus dem Jahr 1631. Ideal, um das pulsierende Herz der Wakkerpreis-Gemeinde 2014 zu erkunden.

F

BED & BREAKFAST 9

LUZERN, LU

T: 041 210 09 85

www.bb9.ch

5 Zimmer, DZ CHF 180.– / 200.–

DAS WERTIGE UND SCHLICHTE

Denkmalpflege und Genuss werden in diesem sanft renovierten, rund 80-jährigen Haus täglich gelebt. Kinder ab 12 Jahren sind willkommen, und alle älteren Ästheten auch.

G

B&B BEROMÜNSTER

BEROMÜNSTER, LU

T: 041 930 11 05

www.bedundbreakfast.ch

2 Zimmer, DZ CHF 120.– / 140.–

MITTEN IM STIFTSBEZIRK

Prächtiges Chorherrenhaus mit zwei liebevoll gestalteten Gästezimmern im einmaligen Ensemble um die Stiftskirche St. Michael. Schöner Garten, frische Eier von den eigenen Hühnern.

H

BAGELS

WINTERTHUR, ZH

T: 052 213 18 88
www.bagels.ch
3 Zimmer, DZ CHF 170.–

EIN HAUCH BROOKLYN

Beherzt renoviertes Stadthaus aus dem 16. Jahrhundert inmitten der Winterthurer Altstadt. Schlichte Zimmer, privater Garten im Innenhof und Bagels zum Frühstück.

I

AM BRUNNEN

STEIN, AR

T: 071 571 19 99
ambrunnenbb.ch
6 Zimmer, DZ CHF 160.– bis 250.–

APPENZELLER KLEINOD

Stilvoll renovierte Zimmer in denkmalgeschütztem Appenzellerhaus aus dem 18. Jahrhundert. Direkt am idyllischen Dorfplatz; der Brunnen vor dem Haus dient als Pool.

J

BRÜCKE 49

VALS, GR

T: 081 420 49 49
www.bruecke49.ch
4 Zimmer, DZ CHF 200.– bis 230.–

DIE FEINE GESTE

Statt Star-Architektentum warten hier ein fein renoviertes Haus, Leinenbettwäsche, erlesene Vintage-Möbel und lokale Delikatessen auf die Gäste. In Gehdistanz zur Therme Vals.

K

CASA LAS CAGLIAS

FLIMS, GR

T: 081 911 16 31
www.casalascaglias.ch
9 Zimmer, DZ CHF 95.– bis 295.–

FLIMSER TROUVAILLE

Von Rudolf Olgiati anfangs der 1960er-Jahre in kantig-eigenwilliger Architektursprache erbaut. Spektakulärer Felsen-Swimmingpool und angegliedertes Gourmet-Restaurant.

L

PENSIONE BOSCHETTO

CEVIO, TI

T: 091 754 21 64
www.pensioneboschetto.ch
3 DZ à CHF 160.–, 1 Familienzimmer à CHF 200.–

MAGGIA-TAL RUSTIKAL

Familienfreundliche Pension im ortsbildgeschützten Weiler in der Nähe von Cevio. Grosser Garten mit Pergolen, eigenen Reben und selbstgebrannter Grappa.

M

CASA LOCARNO

LOCARNO-MONTI, TI

T: 091 751 51 45
www.casa-locarno.ch
5 Zimmer, DZ CHF 140.–

EINE WELT FÜR SICH HOCH ÜBER LOCARNO

Ehemaliges Winterkurhaus aus dem Jahr 1923, fantasievoll ausgestattet mit Trompe-l'Oeil Malerei und Belle Epoque Möbeln. Grossartige Aussicht und parkartiger Garten.

DANK

Allen Gastgeberinnen und Gastgebern, die mit Engagement und Herzblut für aussergewöhnliche Qualität und Pflege der Gast- und Baukultur in der Schweiz sorgen.

Karin Artho für die Konzeption und langjährige Betreuung der Publikationsreihe sowie die Hinweise und Anregungen für die neue Ausgabe.

Roland Flückiger-Seiler (Swiss Historic Hotels), Gerold Kunz (ICOMOS Schweiz) und allen Gästen sowie Mitarbeitenden der Denkmalpflege und Heimatschutzmitgliedern, die uns Rückmeldungen zu den vorgestellten Häusern und Hinweise auf interessante Betriebe für zukünftige Auflagen schicken.

REMERCIEMENTS

A toutes les hôtelières et hôteliers qui s'engagent avec passion en faveur de la grande tradition de l'hôtellerie suisse et d'une architecture de qualité.

A Karin Artho, qui a conçu et suivi cette série de guides durant des années, pour ses conseils et ses suggestions lors de cette nouvelle édition.

A Roland Flückiger-Seiler (Swiss Historic Hotels) et à Gerold Kunz (ICOMOS Suisse), à tous les clients ainsi qu'aux collaborateurs des services des monuments historiques et aux membres de Patrimoine suisse qui nous apportent leurs commentaires sur les établissements présentés et qui nous fournissent ainsi de précieuses indications pour les éditions futures.

BILDNACHWEISE / CRÉDITS PHOTO

Alle Bilder / Toutes images Schweizer Heimatschutz, Tobias Dimmler Ausser / sauf:

3: Hôtel du Pillon / 6: Grand Hôtel Bella Tola & St. Luc / 7 oben: Atelier Lochmatter, unten: Tom Bisig / 8: Genossenschaft Pro Binntal / 9: Corinne Cuendet / 12: Espace Paysan Horloger, Le Boéchet / 15: Blausee AG / 16 oben: Guy Perrenoud, unten: Barbara Hess / 19: Sabrina Rothe / 20: Hotel Jungfrau Wengernalp / 22 unten: Reto Lucek / 24: David Birri / 26: Heinrich Breiter / 27 unten: Doris Kuert, 27 oben: L'Auberge Langenthal / 28: Kloster Schoenthal / 30: Christian Aeberhard / 33: Jugendstil-Hotel Paxmontana / 34: Andrea Badrutt / 35: Lady's First design hotel / 36: Volker Schopp / 38: Romantik Hotel Gasthof Hirschen, Hans-Peter Siffert / 41: Kartause Ittingen / 42 oben: Daniel Germann, unten: Michael Bühler / 44 oben: Vito Viggiani, unten: Christian Lutz / 45 unten: Eva Olibet / 51: Hotel Alpenhof / 53: Ralph Feiner / 57 und 58: Schweizer Heimatschutz, James Batten / 59 oben: Claudio Zanolari, unten: Claudio Godenzi

/ 60: La Rösa AG / 61: Hotel Donatz AG, Gian Giovanoli / 62: Hotel Castell / 63 unten: Villa Flor / 64 oben: Christof Steiner, unten: Christian Flierl / 67: buffet für gestaltung / 68: Bernd Grundmann / 70: Pia Steiner / 73: Renato Gobbi / 75: Palazzo Gamboni / 76 oben: Lorenzo Sonognini, unten: Ivana De Maria / A: Roger Ambiel, Marc Tissot / C: Laurent Bosson / F: Susanne Stauss / G: Sepp de Vries / J: Schweizer Heimatschutz, Andrej Lukic / K: Martin Kaufmann / L: Jenö Gösi

IMPRESSUM

Herausgeber / Editeur
Schweizer Heimatschutz
Patrimoine suisse
Villa Patumbah
Zollikerstrasse 128
8008 Zürich
T 044 254 57 00

Konzept und Texte / Concept et textes
Françoise Krattinger Borrego Iglesias
Patrick Schoeck-Ritschard
Karin Artho, Schweizer Heimatschutz / Patrimoine suisse

Unterstützung durch / Collaboration
Andrej Lukic, Schweizer Heimatschutz / Patrimoine suisse

Übersetzung / Traduction
Marlyse und Laurent Aubert, Grandson

Fotografie / Photographie
Tobias Dimmler, Schweizer Heimatschutz / Patrimoine suisse (Ausnahmen s. Bildnachweise / Exceptions crédits photo)

Gestaltung / Graphisme
Stillhart Konzept und Gestaltung GmbH, Zürich

Druck / Impression
Stämpfli Publikationen AG, Bern

Verkaufspreis / Prix de vente
CHF 16.–
Heimatschutz-Mitglieder / Membres de Patrimoine suisse: CHF 8.–

Zürich, 2014

ISBN 978-3-9523994-5-3

ÜBER DEN SCHWEIZER HEIMATSCHUTZ

Der Schweizer Heimatschutz (SHS) ist die führende Schweizer Non-Profit-Organisation im Bereich Baukultur. Wir sind ein Verein mit 27'000 Mitgliedern und Gönnern und bestehen seit 1905 als Dachorganisation von 25 kantonalen Sektionen. Wir setzen uns dafür ein, dass Baudenkmäler aus verschiedenen Epochen vor dem Abbruch bewahrt werden und weiterleben. Wir fördern aber auch zeitgemässe, gute Architektur bei Neubauten.

Jährlich verleihen wir einer Gemeinde den **Wakkerpreis** für ihre vorbildlichen Leistungen in der Siedlungsentwicklung und zeichnen mit dem **Schulthess Gartenpreis** eine aussergewöhnliche Arbeit auf dem Gebiet der Gartenkultur aus. Mit dem Verkauf des **Schoggitalers** unterstützen wir seit Jahrzehnten wegweisende Projekte in Heimat- und Naturschutz.

Im **Heimatschutzzentrum** in der Villa Patumbah in Zürich kann Baukultur hautnah erlebt werden. Und mit unserer Stiftung **Ferien im Baudenkmal** bieten wir Ferienwohnungen in ausgesuchten historischen Bauten in der ganzen Schweiz.

Mitglieder des Schweizer Heimatschutzes erhalten Publikationen zu einem vergünstigten Preis.

A PROPOS DE PATRIMOINE SUISSE

Patrimoine suisse est la plus importante organisation suisse sans but lucratif active dans le domaine du patrimoine bâti. L'association, qui compte 27'000 membres et donateurs, a été créée en 1905 en tant qu'organisation faîtière de 25 sections cantonales. Nous nous engageons pour éviter la démolition et faire revivre des monuments de différentes époques. Lors de la construction de nouveaux bâtiments, nous prônons une architecture contemporaine de qualité.

Nous décernons chaque année le **Prix Wakker** à une commune pour son action exemplaire en matière d'aménagement du territoire. Le **Prix Schulthess des jardins** récompense des réalisations de qualité dans le domaine de l'art des jardins. Avec le produit de la vente de **l'Ecu d'or**, nous soutenons depuis des décennies des projets exemplaires de protection du patrimoine bâti et de la nature.

La Maison du patrimoine dans la Villa Patumbah à Zurich donne l'occasion de vivre le «patrimoine à fleur de peau». Nous louons aussi des logements de vacances aménagés dans des bâtiments historiques soigneusement sélectionnés dans toute la Suisse par notre fondation **Vacances au cœur du Patrimoine**.

Les membres de Patrimoine suisse bénéficient d'un rabais à l'achat de nos publications.

SCHWEIZER HEIMATSCHUTZ
PATRIMOINE SUISSE
HEIMATSCHUTZ SVIZZERA
PROTECZIUN DA LA PATRIA